Das Wildschadengesetz.

Vom 11. Juli 1891.

Mit Kommentar herausgegeben

von

Dr. A. Holtgreven,
Geheimen Ober-Justizrath und vortragendem Rath im Justizministerium.

Dritte, vermehrte und verbesserte Auflage.

Berlin.
J. Guttentag, Verlagsbuchhandlung.
1893.

Vorwort.

Der vorliegende Kommentar verfolgt einen doppelten Zweck. Derselbe will die juristisch zweifelhaften Punkte des Wildschadengesetzes wissenschaftlich erörtern und klar stellen; er will aber außerdem allen denjenigen, welche bei der Handhabung dieses Gesetzes in irgend einer Weise, sei es als Private oder als Beamte, als Grundbesitzer oder als Jagdberechtigte betheiligt sind, ein praktischer Berather sein. Schon ein Blick in das Sachregister stellt den zuletzt gedachten Zweck des Kommentars außer Zweifel. Möge die kleine Arbeit seitens der Wissenschaft eine wohlwollende Beurtheilung und bei dem betheiligten Publikum und Behörden eine freundliche Aufnahme finden.

Berlin im Oktober 1891.

Der Verfasser.

Vorwort zur dritten Auflage.

Nachdem die erste Auflage des Kommentars, schneller, wie der Verfasser erwartet hatte, vergriffen war, mußte sich die zweite Auflage auf den unveränderten Abdruck der ersten beschränken.

Die jetzt vorliegende dritte Auflage enthält dagegen eine erhebliche Vermehrung des einschlägigen Materials. Vor allem ist den abweichenden Ansichten anderer Bearbeiter des Wildschadengesetzes überall da eine eingehende Besprechung gewidmet worden, wo es sich um die Lösung praktisch wichtiger Fragen handelt.

Im Vordergrunde des Interesses steht hierbei ohne Zweifel die Erörterung über den vielumstrittenen § 12 des Gesetzes. Der Streit betrifft die Frage, ob die in diesem Paragraphen vorgesehenen Vorbeugungsmaßregeln nur eintreten, wenn Wildschaden in gemeinschaftlichen Jagdbezirken (beziehungsweise auf den Enklaven) festgestellt worden ist, oder auch dann, wenn die Wildschadensfeststellung in Eigenjagdbezirken stattgefunden hat. Die Frage hat, namentlich auch vom Standpunkte des Wildschongesetzes vom 26. Febr. 1870 aus, ihre große praktische Bedeutung. Den Gegnern der diesseitigen Ansicht, welche letztere die ortspolizeilichen Feststellungen des § 12 cit. auf die gemeinschaftlichen Jagdbezirke (bezw. Enklaven) beschränkt wissen will, ist nun auch das Oberverwaltungsgericht beigetreten. Wir verkennen die Autorität dieses hohen Gerichtshofes keineswegs, haben aber doch geglaubt, an unserer bisherigen Ansicht festhalten zu sollen, weil die Begründung des Urtheils nach unserer Meinung die getroffene Entscheidung nicht zu stützen vermag. Inzwischen müssen wir es der Wissenschaft überlassen, der interessanten Rechtsfrage näher zu treten und die endgültige Lösung derselben zu fördern.

Möge auch der gegenwärtigen Bearbeitung des Wildschadengesetzes die wohlwollende Beurtheilung zu Theil werden, welche der ersten Auflage des Kommentars in so reichlichem Maße zu Theil geworden ist.

Berlin im Oktober 1893.

Der Verfasser.

Inhaltsverzeichniß.

I. Theil.

II. Theil.

III. Theil.

*) Das hier Gesagte verdient eine besondere Beachtung.

I.

Wildschadengesetz.

Vom 11. Juli 1891.

(Gesetz-Samml. 1891 S. 307—310.)

Wir **Wilhelm**, von Gottes Gnaden König von Preußen ꝛc. verordnen, unter Zustimmung beider Häuser des Landtages, für den Umfang Unserer Monarchie, mit Ausschluß der Provinz Hannover und des vormaligen Kurfürstenthums Hessen, was folgt:

§ 1.

Der durch Schwarz-, Roth-, Elch- und Damwild sowie Rehwild und Fasanen auf und an Grundstücken angerichtete Schaden ist dem Nutzungsberechtigten nach Maßgabe der folgenden Bestimmungen zu ersetzen.

§ 2.

Ersatzpflichtig sind in einem gemeinschaftlichen Jagdbezirke die Grundbesitzer des Jagdbezirks nach Verhältniß der Größe der betheiligten Fläche. Dieselben werden durch die Gemeindebehörde vertreten.

Hat bei Verpachtung der Jagd in gemeinschaftlichen Jagdbezirken die Gemeindebehörde die vollständige Wiedererstattung der zu zahlenden Wildschadensbeträge durch den

Jagdpächter nicht ausbedungen, so müssen solche Jagdpachtverträge nach ortsüblicher Bekanntmachung eine Woche öffentlich ausgelegt werden. Sie bedürfen zu ihrer Gültigkeit der Genehmigung des Kreisausschusses, in Stadtkreisen des Stadtausschusses, wenn seitens auch nur eines Nutzungsberechtigten innerhalb zwei Wochen nach dieser Auslegung Widerspruch erhoben wird.

§ 3.

Ersatzpflichtig ist bei Enklaven (§ 7 des Jagdpolizeigesetzes vom 7. März 1850, Gesetz-Samml. S. 165, § 9 des Gesetzes vom 30. März 1867, Gesetz-Samml. S. 426, und § 11 des Lauenburgischen Gesetzes vom 17. Juli 1872, Offiz. Wochenblatt f. Lauenburg S. 218) der Inhaber des umschließenden Jagdbezirks, sofern er die Jagd auf der Enklave angepachtet oder die angebotene Anpachtung abgelehnt hat.

§ 4.

Ein Ersatz für Wildschaden findet nicht statt, wenn die Umstände ergeben, daß die Bodenerzeugnisse in der Absicht gezogen oder erheblich über die gewöhnliche Erntezeit hinaus auf dem Felde belassen sind, um Schadensersatz zu erzielen.

§ 5.

Sofern Bodenerzeugnisse, deren voller Werth sich erst zur Zeit der Ernte bemessen läßt, vor diesem Zeitpunkte beschädigt werden (§ 1), so ist der Schaden in demjenigen Umfange zu erstatten, in welchem er sich zur Zeit der Ernte darstellt.

§ 6.

Der Beschädigte, welcher auf Grund der §§ 1 bis 3 Ersatz für Wildschaden fordern will, hat diesen Anspruch bei der für das geschädigte Grundstück zuständigen Ortspolizeibehörde binnen drei Tagen, nachdem er von der Beschädigung Kenntniß erhalten hat, schriftlich oder zu Protokoll anzumelden. Bei Versäumung dieser Anmeldung findet ein Ersatzanspruch nicht statt.

§ 7.

Nach rechtzeitig erfolgter Anmeldung hat die Ortspolizeibehörde zur Ermittelung und Schätzung des behaupteten Schadens und zur Herbeiführung einer gütlichen Einigung unverzüglich einen Termin an Ort und Stelle anzuberaumen und zu demselben die Betheiligten unter der Verwarnung zu laden, daß im Falle des Nichterscheinens mit der Ermittelung und Schätzung des Schadens dennoch vorgegangen wird. Der Jagdpächter ist zu diesem Termine zu laden.

§ 8.

Jedem Betheiligten steht das Recht zu, in dem Termine zu beantragen, daß die Schätzung des Schadens erst in einem zweiten kurz vor der Ernte abzuhaltenden Termine erfolge. Diesem Antrage muß stattgegeben werden.

§ 9.

Auf Grund des Ergebnisses der Vorverhandlungen hat die Ortspolizeibehörde einen Vorbescheid über den Schadensersatzanspruch und die entstandenen Kosten zu erlassen und den Betheiligten in schriftlicher Ausfertigung zuzustellen.

Die Zustellung erfolgt nach Maßgabe der für Zustellungen des Kreisausschusses geltenden Bestimmungen.

§ 10.

Gegen den Vorbescheid findet innerhalb zwei Wochen die Klage bei dem Kreisausschusse, in Stadtkreisen bei dem Bezirksausschusse statt.

Die Entscheidungen des Kreisausschusses und des Bezirksausschusses sind vorläufig vollstreckbar.

Wird innerhalb der zwei Wochen die Klage nicht erhoben, so wird der Vorbescheid endgültig und vollstreckbar.

§ 11.

Als Kosten des Verfahrens kommen nur baare Auslagen, insbesondere Reisekosten und Gebühren der Sachverständigen, Botenlöhne und Portokosten in Ansatz. Die Kosten des Vorverfahrens werden als Theil der Kosten des Verwaltungsstreitverfahrens behandelt.

§ 12.

Ist während des Kalenderjahres wiederholt durch Roth- oder Damwild verursachter Wildschaden durch die Ortspolizeibehörde festgestellt worden, so muß auf Antrag des Ersatzpflichtigen oder der Jagdberechtigten die Aufsichtsbehörde sowohl für den betroffenen, als auch nach Bedürfniß für benachbarte Jagdbezirke die Schonzeit der schädigenden Wildgattung für einen bestimmten Zeitraum aufheben und die Jagdberechtigten zum Abschuß auffordern und anhalten.

§ 13.

Genügen diese Maßregeln nicht, so hat die Aufsichtsbehörde den Grundbesitzern und sonstigen Nutzungsberechtigten selbst nach Maßgabe der §§ 23 und 24 des Gesetzes vom 7. März 1850 (Gesetz-Samml. S. 165) die Genehmigung zu ertheilen, das auf ihre Grundstücke übertretende Roth- und Damwild auf jede erlaubte Weise zu fangen, namentlich auch mit Anwendung des Schießgewehres zu erlegen.

§ 14.

Schwarzwild darf nur in solchen Einfriedigungen gehegt werden, aus denen es nicht ausbrechen kann. Der Jagdberechtigte, aus dessen Gehege Schwarzwild austritt, haftet für den durch das ausgetretene Schwarzwild verursachten Schaden.

Außer dem Jagdberechtigten darf jeder Grundbesitzer oder Nutzungsberechtigte innerhalb seiner Grundstücke Schwarzwild auf jede erlaubte Art fangen, tödten und behalten.

Die Aufsichtsbehörde kann die Benutzung von Schießwaffen für eine bestimmte Zeit gestatten.

Die Aufsichtsbehörde hat außerdem zur Vertilgung uneingefriedigten Schwarzwildes alles Erforderliche anzuordnen, sei es durch Polizeijagden, sei es durch andere geeignete Maßregeln oder Auflagen an die Jagdberechtigten des Bezirks und der Nachbarforsten.

§ 15.

Wilde Kaninchen unterliegen dem freien Thierfange, mit Ausschluß des Fangens mit Schlingen.

§ 16.

Die Aufsichtsbehörde kann die Besitzer von Obst-, Gemüse-, Blumen- und Baumschulanlagen ermächtigen, Vögel und Wild, welche in den genannten Anlagen Schaden anrichten, zu jeder Zeit mittelst Schußwaffen zu erlegen. Der Jagdberechtigte kann verlangen, daß ihm die erlegten Thiere, soweit sie seinem Jagdrechte unterliegen, gegen das übliche Schußgeld überlassen werden.

Die Ermächtigung vertritt die Stelle des Jagdscheines. Sie darf Personen, welchen der Jagdschein versagt werden muß, nicht ertheilt werden und ist widerruflich.

§ 17.

Gegen die Anordnung oder Versagung obiger Maßregeln (§ 16) seitens der Aufsichtsbehörde (des Landraths, in Stadtkreisen der Ortspolizeibehörde, in Hohenzollern des Oberamtmanns) ist nur die Beschwerde an den Bezirksausschuß, in Hohenzollern an den Regierungspräsidenten, und gegen deren Entscheidung die Beschwerde zulässig, welche an den Minister des Innern und den Minister für Landwirthschaft, Domänen und Forsten geht.

§ 18.

Sofern das gegenwärtige Gesetz dem Jagdpächter größere, als die bisherigen Verpflichtungen auferlegt, kann er den Pachtvertrag innerhalb drei Monaten nach Verkündigung dieses Gesetzes derart kündigen, daß das Pachtverhältniß mit Ende des laufenden Pachtjahres erlischt.

Das gleiche Recht steht dem Verpächter zu, sofern der Pächter nicht für die Zeit bis zum Ablaufe der bestehenden Pachtverträge die Vergütung der durch das Gesetz dem Verpächter auferlegten Wildschäden auf sich nimmt.

§ 19.

Der § 25 des Jagdpolizeigesetzes vom 7. März 1850 (Gesetz-Samml. S. 165), § 27 der Verordnung vom 30. März 1867 (Gesetz-Samml. S. 416) und § 28 des

Gesetzes vom 17. Juli 1872 (Lauenb. Offiz. Wochenblatt Nr. 42) werden aufgehoben.

Wildschadenersatz kann nur auf Grund und nach Maßgabe dieses Gesetzes gefordert werden.

§ 20.

Dieses Gesetz tritt mit dem 1. Januar 1892 in Kraft.

Urkundlich unter Unserer Höchsteigenhändigen Unterschrift und beigedrucktem Königlichen Insiegel.

Gegeben Buckingham-Palace London, den 11. Juli 1891.

(L. S.)

Wilhelm.

v. Caprivi. v. Boetticher. Herrfurth. v. Schelling.
Frhr. v. Berlepsch. Miquel. v. Kaltenborn. v. Heyden.
Gr. v. Zedlitz. Thielen.

II.

Einleitung.

§ 1.

Geschichtlicher Rückblick.

Dem römischen Rechte war ein gesetzlicher Anspruch auf Ersatz des Wildschadens unbekannt. Das Wild, d. h. das in seiner natürlichen Freiheit lebende Thier unterlag als res nullius der Occupation eines Jeden. Der Eigenthümer eines Grundstücks, der Nießbraucher, der Pächter konnte sich daher durch Ausübung des freien Thierfangs gegen das schädigende Wild selbst schützen. Es fehlte an einem Rechtsgrunde, aus welchem ein Anderer für den Wildschaden hätte verantwortlich gemacht werden können.[1])

In gleicher Weise gewährte auch das deutsche Recht einen Anspruch auf Wildschadensersatz nicht. Auch nach der deutschen Rechtsanschauung war das Wild eine herrenlose Sache, welche allerdings nicht von einem jeden dritten, wohl aber von dem Eigenthümer des Grundstücks, auf welchem sie betroffen wurde, beziehungsweise in den Gemeinde-

---

[1]) Daß sich die Sache anders verhielt, wenn Jemand Eigenthümer eines wilden Thieres geworden war, braucht kaum erwähnt zu werden.

waldungen von den Gemeindegenossen durch Occupation zum Eigenthum erworben werden konnte.

Dieser Rechtszustand änderte sich seit dem neunten Jahrhundert, und zwar zunächst in Folge der von Karl dem Großen begonnenen und von den späteren Herrschern fortgesetzten Inforestationen, d. h. in Folge des Verbots des Königs, in bestimmten (nicht in seinem Eigenthume stehenden) Bezirken (Bannforsten), zu jagen.

Weiterhin war die Ausbildung des Lehnswesens mit seinem Ober- und Untereigenthum für die allmähliche Trennung des Jagdrechts vom eigenen Grund und Boden von Bedeutung.

Endlich entwickelte sich mit der Landeshoheit im sechzehnten Jahrhundert der Begriff des landesherrlichen Jagdregals, inhalts dessen ausschließlich der Landesherr nicht bloß auf den ihm gehörigen Grundstücken und in Bannforsten, sondern auf allen Grundstücken seines Territoriums zu jagen berechtigt war, während die der Landeshoheit Unterworfenen nur durch landesherrliche Genehmigung ein Recht zur Ausübung der Jagd erlangen konnten.

Die in Folge der Ausbildung des Jagdregals herbeigeführte Beschränkung der Occupationsberechtigten, sowie die allmähliche Einführung der Schon- und Hegezeiten hatte naturgemäß eine Vermehrung des Hochwildes und damit zugleich die Häufung von Wildschäden zur Folge. Seitens der Gerichte wurde nunmehr nach den Grundsätzen des gemeinen Rechts, gegen den Jagdberechtigten, welcher durch ordnungswidrigen Gebrauch seines Rechts, insbesondere durch übermäßige Hegung des Wildes Schaden verursachte, ein Anspruch auf Erstattung desselben anerkannt.

Dieselben Grundsätze haben demnächst auch in den Ländern des französischen Rechtes Anerkennung gefunden. Die Verantwortlichkeit des Grundeigenthümers oder Jagdberechtigten für entstandenen Wildschaden wurde dort namentlich dann angenommen, wenn diese Personen die betreffenden Grundbesitzer gehindert hatten, selbst das schädigende Wild zu vertilgen, oder wenn dieselben durch Hegen des Wildes Ursache geworden waren, daß letzteres sich übermäßig vermehrt hatte und schädlich geworden war. (Vgl. das Urtheil des Reichsoberhandelsgerichts vom 29. Jan. 1875, Entsch. Bd. 16 S. 12, mitgetheilt in dem Kommissionsberichte des Abgeordnetenhauses vom 29. April 1890 Nr. 181 der Drucksachen S. 3.)

Im preußischen Landrechte waren in den §§ 141 bis 147 Theil I Tit. 9 nicht nur Bestimmungen zur Verhütung von Wildschäden, sondern auch specielle Vorschriften wegen Ersatzes desselben getroffen worden. „Wer hohes Wild auf seinen Revieren in ungewöhnlicher Menge hegen will," heißt es in § 144, „ist schuldig, solche Veranstaltungen zu treffen, daß die angrenzenden bebauten Ländereien gegen die Beschädigung desselben gesichert werden." „Sind keine andere Mittel zur Abwendung solcher Beschädigungen vorhanden, so können die Besitzer der angrenzenden Ländereien darauf antragen, daß der Jagdberechtigte auf seine Kosten tüchtige Wildzäune anlege und unterhalte." (§ 145.) „Macht sich der Jagdberechtigte in Anlegung oder Unterhaltung solcher Veranstaltungen einer Nachlässigkeit schuldig, so haftet er für allen durch das Wild in der Nachbarschaft verursachten Schaden." (§ 146.)

Diese Bestimmungen sind durch das Gesetz vom 31. Oktober 1848 und das Jagdpolizeigesetz vom 7. März 1850 aufgehoben, beziehungsweise abgeändert worden. (Erkenntniß des Obertrib. vom 11. Juni 1850, Entsch. Bd. 19, S. 113 ff.) Nachdem zunächst das Gesetz vom 31. Oktober 1848 die bestehenden Wildschonzeiten beseitigt und unter Aufhebung des Jagdrechts auf fremden Grundstücken einem jeden Grundbesitzer das Recht gegeben hatte, die Jagd auf seinem Grund und Boden selbst auszuüben, führte das Jagdpolizeigesetz vom 7. März 1850 die Schonzeiten wieder ein, beschränkte außerdem im öffentlichen Interesse das Jagdrecht der Grundbesitzer dadurch in erheblicher Weise, daß es denselben zur eigenen Ausübung des Jagdrechts nur auf Besitzungen von zusammenhängenden 300 Morgen Größe, auf dauernd und vollständig eingefriedigten Grundstücken, eventuell auch auf Seeen, Teichen und Inseln für befugt erklärte, sah aber gleichwohl davon ab, die landrechtlichen Schutzbestimmungen gegen das übermäßige Hegen von Hochwild im vollen Umfange wiederherzustellen. Die durch das Jagdpolizeigesetz vom 7. März 1850 zur Verhütung von Wildschaden erlassenen Vorschriften, auf welche wir im Nachstehenden noch des öfteren verweisen werden, sind die folgenden:

„§ 21. Durch Klappern, aufgestellte Schreckbilder, sowie durch Zäune, kann ein Jeder das Wild von seinen Besitzungen abhalten, auch wenn er auf diesen zur Ausübung des Jagdrechts nicht befugt ist. Zur Abwehr des Roth-, Dam- und Schwarzwildes kann er sich auch kleiner oder gemeiner Haushunde bedienen.

§ 22. Auf gemeinschaftlichen Jagdbezirken, auf welchen Wildschäden vorkommen, darf die Gemeindebehörde, wenn auch nur ein einzelner Grundbesitzer Widerspruch dagegen erhebt, die Ausübung der Jagd nicht ruhen lassen.

§ 23. Wenn die in der Nähe von Forsten belegenen Grundstücke, welche Theile eines gemeinschaftlichen Jagdbezirkes bilden, oder solche Waldenklaven, auf welchen die Jagdausübung dem Eigenthümer des sie umschließenden Waldes überlassen ist (§ 7), erheblichen Wildschäden durch das aus der Forst übertretende Wild ausgesetzt sind, so ist der Landrath befugt, auf Antrag der beschädigten Grundbesitzer nach vorhergegangener Prüfung des Bedürfnisses und für die Dauer desselben den Jagdpächter selbst während der Schonzeit zum Abschusse des Wildes aufzufordern. Schützt der Jagdpächter, dieser Aufforderung ungeachtet, die beschädigten Grundstücke nicht genügend, so kann der Landrath den Grundbesitzern selbst die Genehmigung ertheilen, das auf diese Grundstücke übertretende Wild auf jede erlaubte Weise zu fangen, namentlich auch mit Anwendung des Schießgewehrs zu tödten.

Das Nämliche gilt rücksichtlich der Besitzer solcher Grundstücke, auf welchen sich die Kaninchen bis zu einer, der Feld- und Gartenkultur schädlichen Menge vermehren, in Betreff dieser Thiergattung. Wird gegen die Verfügung des Landraths bei der vorgesetzten Verwaltungs-Behörde der Rekurs eingelegt, so bleibt erstere bis zur eingehenden, höheren Entscheidung interimistisch gültig. Das von den Grundbesitzern in Folge einer solchen Genehmigung des Landraths erlegte oder gefangene Wild muß aber gegen Bezahlung des in der Gegend üblichen Schußgeldes dem Jagdpächter überlassen und die desfallsige Anzeige binnen vier und zwanzig Stunden erstattet werden.

§ 24. Auch der Besitzer einer solchen Waldenklave, auf welcher die Jagd nach § 7 gar nicht ausgeübt werden darf, ist, wenn das Grundstück erheblichen Wildschäden ausgesetzt ist und der Besitzer des umgebenden Wald-Jagdreviers der Aufforderung des Landraths, das vorhandene Wild selbst während der Schonzeit abzuschießen, nicht genügend nachkommt, zu fordern berechtigt, daß ihm der Landrath nach vorhergegangener Prüfung des Bedürfnisses und auf die Dauer desselben die Genehmigung ertheile, das auf die Enklave übertretende Wild auf jede erlaubte Weise zu fangen, namentlich auch mit Anwendung des Schießgewehrs zu tödten. In diesem Falle verbleibt das gefangene oder erlegte Wild Eigenthum des Enklavenbesitzers. In den in den §§ 23 und 24 gedachten Fällen vertritt die von dem Landrathe zu ertheilende Legitimation die Stelle des Jagdscheins."

Die wichtigste Neuerung gegenüber dem früheren Rechtszustande bestand aber in der gänzlichen Ausschließung eines gesetzlichen Anspruchs auf Ersatz von Wildschaden. Der § 25 des Jagdpolizeigesetzes bestimmte: „Ein gesetzlicher Anspruch auf Ersatz des durch das Wild verursachten Schadens findet nicht statt. Den Jagdpächtern bleibt dagegen unbenommen, hinsichtlich des Wildschadens in den Jagdpacht-Kontrakten vorsorgliche Bestimmung zu treffen."

Der durch das Jagdpolizeigesetz vom 7. März 1850 geschaffene Rechtszustand wurde schon bald nach dem Inkrafttreten desselben mannigfachen Anfechtungen unterworfen.

Ohne in eine nähere Erörterung der Gründe dieser Unzufriedenheit einzutreten, müssen wir hier auf einen Umstand hinweisen, der für die Richtung, in welcher sich das gegenwärtige Wildschadengesetz bewegt, von besonderer Bedeutung gewesen ist.

Nach dem Jagdpolizeigesetze ist, wie bereits erwähnt, die Ausübung des Jagdrechts auf eigenem Grund und Boden nur unter der Voraussetzung einer bestimmten Größe und Beschaffenheit des Jagdterrains gestattet (§ 2 des Jagdpolizeigesetzes). Alle übrigen Grundstücke eines Gemeindebezirks, welche nicht zu den in § 2 gedachten gehören, bilden der Regel nach einen gemeinschaftlichen Jagdbezirk (§ 4), auf welchem die Jagd entweder durch einen angestellten Jäger für Rechnung der betheiligten Grundbesitzer beschossen, oder verpachtet werden kann (§ 10). Die auf diese Weise erzielten Pachtgelder und Einnahmen werden in die Gemeindekasse gezahlt und nach Abzug der etwa entstehenden Verwaltungskosten durch die Gemeindebehörde unter die Besitzer derjenigen Grundstücke, auf welchen die gemeinschaftliche Ausübung des Jagdrechts stattfindet, *nach dem Verhältniß des Flächeninhalts dieser Grundstücke vertheilt* (§ 11).

Es kann nun nicht zweifelhaft sein, daß gerade diese letztere Bestimmung unter Umständen eine große Ungerechtigkeit gegen den *beschädigten* Grundbesitzer enthält. Nicht der Umfang des erlittenen Wildschadens, sondern lediglich die Größenverhältnisse der Grundstücke sollen für die Vertheilung der Jagdpachtgelder maßgebend sein. Und doch ist nicht selten bei Bemessung der Höhe der Jagdpacht auf den Wildschaden besondere Rücksicht genommen und in derselben der Ersatz für den letzteren miteinbegriffen. Diese ganz offenbare Unbilligkeit hat wohl nicht zum wenigsten zu den zahlreichen Klagen über die Mangelhaftigkeit des Jagdpolizeigesetzes vom 7. März 1850 beigetragen, und die Abstellung gerade dieses Uebelstandes bildet, um dies vorweg zu bemerken, den eigentlichen Kern- und Mittelpunkt des gegenwärtigen Wildschadengesetzes. Dem kleinen Manne, d. h. dem beschädigten Nutzungsberechtigten in einem gemeinschaftlichen Jagdbezirke sollte geholfen werden. Darüber waren — unter Billigung der Staatsregierung — alle Parteien des Abgeordneten- wie des Herrenhauses einverstanden. Auf dieser Erwägung beruht auch die fundamentalste Bestimmung des gegenwärtigen Gesetzes, § 2 Abs. 1: „Ersatzpflichtig (für den Wildschaden) sind in einem gemeinschaftlichen Jagdbezirke die Grundbesitzer des Jagdbezirks nach Verhältniß der Größe der betheiligten Fläche."

Es erübrigt noch, zur Vervollständigung des geschichtlichen Rückblickes die Reformversuche kurz zu erwähnen, welche bald nach dem Inkrafttreten des Gesetzes vom 7. März 1850 bis zum Erlaß des gegenwärtigen Wildschadengesetzes auf dem Gebiete des Jagdpolizeirechts unternommen worden sind. Der Kommissionsbericht des Abgeordnetenhauses vom 30. Januar 1891 (Nr. 72 der Drucksachen) bemerkt darüber: Bereits im Jahre 1853 legte die damalige erste Kammer einen Gesetzentwurf über die Abänderung des Jagdpolizeirechts vor, welcher aber in der zweiten Kammer nicht mehr zur Berathung kam.

1855 gelangte ein neuer Entwurf in der zweiten Kammer zur Annahme, blieb aber in der ersten Kammer unerledigt. Beide Entwürfe scheiterten hauptsächlich daran, daß man sich nicht über die Entschädigung einigen konnte, welche alle diejenigen erhalten sollten, welche das Jagdrecht auf den den Gemeinden zugewiesenen Grundstücken ehemals besessen hatten. Die Revision des Gesetzes wurde dadurch erschwert und kam erst wieder zur Aufnahme, als die Nothwendigkeit durch die Vergrößerung des Staatsgebietes 1866 noch dringender hervortrat. Die in den neu erworbenen Landestheilen geltenden zahlreichen Partikulargesetze versuchte man durch ein dem Herrenhause im Jahre 1868 vorgelegtes Allgemeines Jagdpolizeigesetz einheitlich zu regeln. Dasselbe gelangte aber nicht bis an das Abgeordnetenhaus. Seitdem ist das Bedürfniß einer Revision der Jagdpolizeigesetzgebung sowohl von Seiten der Staatsregierung, als auch von der Volksvertretung wiederholt zum Ausdruck gebracht worden. Die Berathungen eines Wildschongesetzes vom 26. Februar 1870 (G.S. S. 120) und die Gutachten der Provinzialbehörden im Jahre 1873 über den Entwurf einer Jagdordnung bildeten die Grundlage zu einer am 21. Januar 1880 der Landesvertretung zugegangenen Vorlage. Dieselbe wurde zunächst einer Kommission im Herrenhause überwiesen (Bericht vom 8. Juni 1880, Drucksachen Nr. 132 1879/80). Die Kommissionsbeschlüsse erfuhren durch die inzwischen erlassenen Gesetze über die allgemeine Landesverwaltung und durch das Zuständigkeitsgesetz entsprechende Abänderungen und wurden am 20. November 1883 dem Herrenhause zur nochmaligen Berathung vorgelegt. Nachdem der Gesetzentwurf an das Abgeordnetenhaus gelangt und daselbst im

März 1884 in einer Kommission[1]) sowohl, wie im Plenum vielfache Abänderungen erfahren hatte, blieb die Vorlage durch Schluß des Landtages unerledigt.

Im Jahre 1888 wurde unter dem Namen Berling ein Gesetzentwurf im Abgeordnetenhause eingebracht,[2]) betreffend „den Schutz der Landwirthschaft gegen Hochwild". Derselbe wurde in einer Kommission[3]) berathen, gelangte aber nicht zur Verhandlung im Plenum. Das gleiche Schicksal hatte 1890 der Antrag Conrad[4]) betreffend „den Schutz der Landwirthschaft gegen Wildschaden".[5]) Die Beschlüsse, welche aus dieser Kommission hervorgingen, unterbreitete der Abgeordnete Conrad bei Beginn der III. Session 1890 dem Abgeordnetenhause als Entwurf eines Wildschadengesetzes. Dieser Entwurf bildet den Ausgangspunkt des gegenwärtigen Gesetzes.

§ 2.

Das weitere Schicksal des Antrags Conrad. Die wesentlichsten Unterschiede zwischen dem ursprünglichen Entwurf des Wildschadengesetzes im Abgeordneten- und Herrenhause.

Der Entwurf des Wildschadengesetzes, welchen das Abgeordnetenhaus auf der Grundlage des Antrags Conrad in der Sitzung vom 10. Februar 1891 in dritter Lesung

---

[1]) Bericht Nr. 166 der Drucksachen II. Session 1883/84.

[2]) Nr. 172 der Drucksachen III. Session 1888.

[3]) Bericht Nr. 190 der Drucksachen I. Session 1889.

[4]) Nr. 45 der Drucksachen II. Session 1890.

[5]) Kommissionsbericht Nr. 181 der Drucksachen II. Session 1890.

beschlossen hatte, hat sich nur im geringen Maße der Zustimmung des Herrenhauses zu erfreuen gehabt. Waren die grundlegendsten Bestimmungen dieses Entwurfs im Abgeordnetenhause selbst nur mit geringen Majoritäten angenommen worden, so war vorauszusehen, daß das Herrenhaus gegenüber der Mehrzahl dieser Bestimmungen eine entschieden abweichende Stellung einnehmen würde. In der That ist denn auch der aus der Initiative des Abgeordnetenhauses hervorgegangene Gesetzentwurf vom Herrenhause in den erheblichsten Punkten umgestaltet worden. Nachdem alsdann der so veränderte Gesetzentwurf an das Abgeordnetenhaus zurückgelangt war, wurde er daselbst einer abermaligen Umgestaltung unterworfen und gelangte schließlich dort und im Herrenhause in der Fassung zur Annahme, in welcher er nunmehr Gesetz geworden ist.

Die Unterschiede zwischen den Bestimmungen jenes ersten Gesetzentwurfs des Abgeordnetenhauses und dem abgeänderten Entwurf des Herrenhauses sind nicht lediglich von historischem Interesse. Die Kenntniß desselben hat auch für die richtige Beurtheilung des gegenwärtigen Gesetzes eine gewisse Bedeutung. Es erscheint daher angezeigt, die wichtigsten Unterschiede hier kurz mitzutheilen:

1. Das Abgeordnetenhaus wollte nicht nur den an landwirthschaftlich benutzten Grundstücken und deren Erzeugnissen, sondern auch den an Forst-Grundstücken angerichteten Wildschaden ersetzt wissen, während das Herrenhaus den letzteren von der zu leistenden Entschädigung ausdrücklich ausschloß. Das gegenwärtige Gesetz entspricht in dieser Hinsicht dem Entwurfe des Abgeordnetenhauses.

2. Das Abgeordnetenhaus machte in erster Linie den

Jagdpächter eines gemeinschaftlichen Jagdbezirks für den Wildschaden verantwortlich; nur eventuell, nämlich im Falle der Zahlungsunfähigkeit des Jagdpächters, oder wenn ein ersatzpflichtiger Jagdpächter nicht vorhanden, sollte der Grundbesitzer des Jagdbezirks für den Wildschaden haften. Der Entwurf des Herrenhauses bestimmte dagegen, daß in einem gemeinschaftlichen Jagdbezirke die Grundbesitzer ersatzpflichtig seien. Das gegenwärtige Gesetz entspricht dem Beschlusse des Herrenhauses.

3. Beide Entwürfe statuiren zwar für die Geltungmachung des Entschädigungsanspruches ein polizeiliches Vorverfahren. Während aber das Abgeordnetenhaus gegen den, über den Schadensersatzanspruch erlassenen Vorbescheid der Ortspolizei die Erhebung der gerichtlichen Klage zuließ, bestimmte der Entwurf des Herrenhauses, daß gegen den polizeilichen Vorbescheid (innerhalb zwei Wochen) die Klage im Verwaltungsstreitverfahren stattfinde. Die Entscheidung des Kreisausschusses beziehungsweise des Bezirksausschusses sollte endgültig sein. Das Gesetz schließt sich dem Entwurfe des Herrenhauses, jedoch mit der Maßgabe an, daß der Instanzenzug des Verwaltungsstreitverfahrens in keiner Weise beschränkt worden ist.

4. Nach dem Beschlusse des Herrenhauses sollten Wildschäden, welche die Höhe von 6 % der Ernte nicht erreichen, bei der Abschätzung des Schadens keine Berücksichtigung finden. Der Entwurf des Abgeordnetenhauses kannte eine solche Beschränkung des Schadenersatzes nicht. Das gegenwärtige Gesetz enthält ebenfalls eine derartige Vorschrift nicht.

5. Die umstrittenste Bestimmung in dem Entwurfe des

Abgeordnetenhauses enthielt aber der § 5 desselben, der sogenannte Regreß-Paragraph, welcher lautete:

„Ist der Schaden durch Wild der im § 1 genannten Arten entstanden, welches nicht in dem Jagdbezirke, in welchem der Schaden erfolgt ist, seinen regelmäßigen Aufenthalt hat, so sind die Entschädigungspflichtigen, ebenso wie die Inhaber eigener Jagdbezirke berechtigt, Ersatz von demjenigen zu verlangen, aus dessen Wildstande dasselbe ausgetreten ist. Mehrere hiernach Ersatzpflichtige haften dem Ersatzberechtigten gegenüber jeder für das Ganze, unter einander nach der Größe ihrer Forstbezirke."

Bei den Berathungen im Abgeordnetenhause waren die Ansichten der verschiedenen Parteien über die Nothwendigkeit, Nützlichkeit und Zulässigkeit einer solchen Wildschadenersatzpflicht von Jagdbezirk zu Jagdbezirk weit auseinander gegangen. Nachdem sodann das Herrenhaus den Regreß-Paragraphen verworfen hatte, fiel derselbe auch bei der abermaligen Berathung im Abgeordnetenhause in der Sitzung vom 13. Juni 1891 mit 112 gegen 101 Stimmen. (Sten. Bericht S. 2802.) Da das Haus nicht beschlußfähig gewesen, mußte die Abstimmung in der Sitzung vom 15. Juni 1891 wiederholt werden, und wurde der Regreß-Paragraph dann ebenfalls verworfen. (Sten. Bericht S. 2806.)

§ 3.

Struktur und Inhalt des Wildschadengesetzes.

1. Das Wildschadengesetz hat einen exklusiven Charakter, d. h. es giebt in der preußischen Monarchie, von Hannover und Hessen abgesehen, keinen gesetzlichen Anspruch auf

Ersatz von Wildschaden, welcher nicht materiell auf das gedachte Gesetz gestützt und, formell nach den Vorschriften desselben[1]) geltend gemacht werden müßte. Zwar ist auf den Antrag des Abgeordneten Rintelen bei der Schlußberathung des Gesetzes eine Bestimmung in dasselbe aufgenommen, durch welche der, den gesetzlichen Anspruch auf Wildschadensersatz ausschließende § 25 des Jagdpolizeigesetzes vom 7. März 1850 ausdrücklich aufgehoben wurde (§ 19 des Wildsch.-Ges.), und es könnte auf den ersten Blick scheinen, als ob damit zugleich ein weiterer Boden für den gesetzlichen Anspruch auf Ersatz des Wildschadens neben dem gegenwärtigen Gesetze geschaffen worden wäre. Allein dies ist nicht der Fall. Alle Redner im Abgeordnetenhause waren darüber einverstanden, daß auch nach Aufhebung des § 25 des Jagdpolizeigesetzes ein gesetzlicher Wildschadensersatz-Anspruch nur nach Maßgabe des gegenwärtigen Gesetzes solle begründet werden können, und daß insbesondere nicht etwa (wie früher in den Gebieten des französischen und gemeinen Rechts) ein Ersatzanspruch auch aus allgemeinen Rechtsgrundsätzen (z. B. wegen übermäßigen Hegens)[2]) stattfinden solle. Um aber in dieser Beziehung jedes Bedenken auszuschließen, wurde dem Antrage des Abgeordneten von Jagow gemäß dem § 19 cit. ein zweiter Absatz hinzugefügt, in welchem in klarer und unzweideutiger Weise zum

[1]) Die Form-Vorschriften, §§ 6—11 des Gesetzes beziehen sich allerdings nicht auf den nach § 14 des Ges. zu fordernden Schadensersatz. Vgl. unten § 4 der Einleitung am Ende.

[2]) Siehe oben Einleitung § 1 S. 14f.

Ausdruck gelangt ist, daß Wildschadensersatz nur auf Grund und nach Maßgabe des gegenwärtigen Gesetzes gefordert werden könne.

Dagegen ist mit dieser letzteren Bestimmung nur der gesetzliche Anspruch auf Wildschadensersatz gemeint, nicht auch der kontraktliche, d. h. der auf einer Verabredung zwischen dem Jagdverpächter und dem Jagdpächter beruhende. In das freie Vertragsrecht hat der Gesetzgeber in keiner Weise eingreifen wollen, wie denn auch der § 2 des Gesetzes die Zulässigkeit einer vertragsmäßigen Regulirung des Wildschadensersatzes als selbstverständlich voraussetzt. (Vgl. unten S. 66.)

2. Das Gesetz gewährt nicht einen Ersatzanspruch hinsichtlich einer jeden Art von Wildschaden, sondern es beschränkt denselben auf denjenigen Schaden, welcher durch Schwarz-, Roth-, Elch- und Damwild, sowie Rehwild und Fasanen angerichtet ist, wobei es allerdings keinen Unterschied macht, ob der Schaden landwirthschaftlich benutzten Grundstücken oder Forstgrundstücken zugefügt worden ist. (§ 1.)

3. Das Gesetz beschränkt ferner den Wildschadensersatzanspruch auf ein bestimmtes Gebiet, nämlich auf die gemeinschaftlichen Jagdbezirke und die Waldenklaven. Nicht der Inhaber eines selbständigen Jagdbezirks von 300 und mehr Morgen Größe, sondern der kleine Grundbesitzer, sei er Eigenthümer, Nießbraucher oder Pächter, soll Wildschadensersatz erhalten.

Ersatzpflichtig sind in einem gemeinschaftlichen Jagdbezirke die Grundbesitzer des Jagdbezirks nach Verhältniß der Größe der betheiligten Fläche. Bei sogenannten Waldenklaven ist der Wildschaden von dem Inhaber des umschließenden Jagdbezirks zu ersetzen, sofern derselbe die Jagd auf der Enklave angepachtet oder die angebotene Anpachtung abgelehnt hat. (§ 2 und § 3.)

4. Die Entscheidung über den Anspruch erfolgt im Verwaltungsstreitverfahren. (§ 10.) Bevor jedoch die Entscheidung der Verwaltungsgerichte angerufen werden kann, bedarf es zunächst eines polizeilichen Vorverfahrens. Dasselbe ist in den §§ 6—9 des Gesetzes in folgender Weise geregelt:

Der Beschädigte, welcher Wildschadensersatz fordern will, hat den Anspruch innerhalb einer Präklusivfrist von 3 Tagen, nachdem er von der Beschädigung Kenntniß erhalten hat, bei der für das geschädigte Grundstück zuständigen Ortspolizeibehörde schriftlich oder zu Protokoll anzumelden. Versäumt er diese Anmeldung, so findet ein Ersatzanspruch nicht statt. Ist aber die Anmeldung rechtzeitig erfolgt, so hat die Ortspolizeibehörde zur Ermittelung und Schätzung des behaupteten Schadens und zur Herbeiführung einer gütlichen Einigung unverzüglich einen Termin an Ort und Stelle anzuberaumen und zu demselben die Betheiligten unter der Verwarnung zu laden, daß im Falle des Nichterscheinens mit der Ermittelung und Schätzung dennoch vorgegangen wird. Der Jagdpächter ist zu diesem Termine zu laden.

Jedem Betheiligten steht das Recht zu, in dem Termine zu beantragen, daß die Schätzung des Schadens erst in einem zweiten kurz vor der Ernte abzuhaltenden Termine erfolge. Diesem Antrage muß stattgegeben werden.

Auf Grund des Ergebnisses der Vorverhandlungen hat die Ortspolizeibehörde einen Vorbescheid über den Schadensersatzanspruch und die entstandenen Kosten zu erlassen und den Betheiligten in schriftlicher Ausfertigung zuzustellen.

Die §§ 12 und 13 des Gesetzes enthalten prophylaktische Maßregeln. Ist während des Kalenderjahres wiederholt durch Roth- oder Dammwild verursachter Wildschaden durch die Ortspolizeibehörde festgestellt worden, so muß auf Antrag des Ersatzpflichtigen oder der Jagdberechtigten die Aufsichtsbehörde sowohl für den betroffenen, als auch nach Bedürfniß für benachbarte Jagdbezirke die Schonzeit der schädigenden Wildgattung für einen bestimmten Zeitraum aufheben und die Jagdberechtigten zum Abschuß auffordern und anhalten.

Genügen diese Maßregeln nicht, so hat die Aufsichtsbehörde den Grundbesitzern und sonstigen Nutzungsberechtigten selbst nach Maßgabe der §§ 23 und 24 des Gesetzes vom 7. März 1850 die Genehmigung zu ertheilen, das auf ihre Grundstücke übertretende Roth- und Dammwild auf jede erlaubte Weise zu fangen, namentlich auch mit Anwendung des Schießgewehrs zu erlegen.

6. Die Anwendbarkeit der §§ 14—17 ist in keiner Weise auf den gemeinschaftlichen Jagdbezirk beschränkt, dieselben enthalten vielmehr jagdpolizeiliche Bestimmungen allgemeiner Natur: Zunächst bezüglich des Schwarzwildes (§ 14), sodann hinsichtlich der Kaninchen (§ 15). Nach § 16 kann die Aufsichtsbehörde die Besitzer von Obst-, Gemüse-, Blumen- und Baumschulanlagen ermächtigen, Vögel und Wild, welche in den genannten Anlagen Schaden anrichten, zu jeder Zeit mittels Schußwaffen zu erlegen. Der Jagdberechtigte kann verlangen, daß ihm die erlegten Thiere, soweit sie seinem Jagdrechte unterliegen, gegen das übliche Schußgeld überlassen werden.

Die Ermächtigung vertritt die Stelle des Jagdscheines. Sie darf Personen, welchen der Jagdschein versagt werden muß, nicht ertheilt werden und ist widerruflich.

7. Hinsichtlich der bestehenden Jagdpachtverträge endlich enthält der § 18 des Gesetzes eine, namentlich für die Gemeinden wichtige Uebergangsbestimmung. Sofern das gegenwärtige Gesetz dem Jagdpächter größere als die bisherigen Verpflichtungen auferlegt, kann er den Pachtvertrag innerhalb drei Monaten nach Verkündigung dieses Gesetzes derart kündigen, daß das Pachtverhältniß mit Ende des laufenden Pachtjahres erlischt.

Das gleiche Recht steht dem Verpächter zu, sofern der Pächter nicht für die Zeit bis zum Ablaufe der bestehenden Pachtverträge die Vergütung der durch das Gesetz dem Verpächter auferlegten Wildschäden auf sich nimmt.

§ 4.

Zulässigkeit und Bedeutung des polizeilichen Vorverfahrens und Verwaltungsstreitverfahrens.*)

Nach § 23 des Gerichtsverfassungsgesetzes gehören die Streitigkeiten wegen Wildschadens vor die Amtsgerichte. Es waren deshalb Bedenken darüber entstanden, ob die preußische Gesetzgebung berechtigt sei, für die Geltendmachung von Wildschäden ein polizeiliches Vorverfahren anzuordnen, und die endgültige Entscheidung über dieselben den Ver-

*) Ueber die Verweisung der Ansprüche wegen Wildschadens an die Verwaltungsgerichte, vgl. von Brünneck, in den Jahrbüchern für Nationalökonomie und Statistik, dritte Folge. Bd. 3. S. 571 ff., Schultzenstein im Verwaltungsarchiv Bd. 1 S. 353 ff.

waltungsgerichten zu überweisen. Die Bedenken sind mit Recht für unbegründet erachtet worden. Der § 23 cit. regelt nur die Zuständigkeit der Amtsgerichte gegenüber den Landgerichten. Die bürgerlichen Rechtsstreitigkeiten, welche einen geringeren vermögensrechtlichen Anspruch betreffen oder sonst einfacherer Natur sind, oder welche eine schnellere Erledigung erheischen, sind grundsätzlich den Amtsgerichten im Gegensatze zum Landgerichte zugetheilt worden. Damit ist aber noch nichts über die weitere Frage entschieden, ob die betreffenden bürgerlichen Rechtsstreitigkeiten unter allen Umständen vor die ordentlichen Gerichte gehören, oder ob nicht hinsichtlich einzelner aus besonderen Gründen die Zuständigkeit der Verwaltungsgerichte festgesetzt werden kann. Die Entscheidung über diese Frage haben die Reichsgesetze grundsätzlich den Bundesstaaten überlassen, da die Bestimmung über die Zulässigkeit des Rechtsweges und die Abgrenzung des Gebietes der Justiz und Verwaltung nur nach dem öffentlichen Recht der einzelnen Bundesstaaten zu erfolgen hat, und bei der Verschiedenartigkeit des Staats- und Verfassungsrechts derselben nicht aus dem gleichen Rechtssysteme geordnet werden konnte.[1])

Deshalb bestimmt § 13 des Gerichtsverfassungsgesetzes: „Vor die ordentlichen Gerichte gehören alle bürgerlichen Rechtsstreitigkeiten . . ., für welche nicht entweder die Zuständigkeit von Verwaltungsbehörden oder Verwaltungsgerichten begründet ist,[2]) oder reichsgesetzlich besondere Gerichte bestellt oder zugelassen sind."

---

[1]) von Wilmowski und Levy, Civilprozeßordnung Note 1 zu § 13 des G.V.G.

[2]) Die einzelnen, in den Reichsgesetzen enthaltenen Be-

Die preußische Gesetzgebung war demnach unbedenklich in der Lage, die Entscheidung über die mit der Jagd zu sammenhängenden Streitigkeiten, soweit dieselben sich auf Berechtigungen oder Verpflichtungen beziehen, welche im öffentlichen Rechte begründet sind oder mit solchen Verpflichtungen im Zusammenhange stehen, den Verwaltungsbehörden resp. den Verwaltungsgerichten zu überreichen.

In dieser Beziehung konnte aber mit Recht auf den § 105 Ziffer 3 des Zuständigkeitsgesetzes vom 1. August 1883 verwiesen werden: „Streitigkeiten der Betheiligten über ihre in dem öffentlichen Rechte begründeten Berechtigungen und Verpflichtungen hinsichtlich der Ausübung der Jagd, insbesondere . . . 3. über die Ausübung der Jagd auf fremden Grundstücken, welche von einem größeren Walde oder von einem oder mehreren selbständigen Jagdbezirken umschlossen sind, sowie die den Eigenthümern der Grundstücke zu gewährende Entschädigung unterliegen der Entscheidung im Verwaltungsstreitverfahren. Zuständig im Verwaltungsstreitverfahren ist in erster Instanz der Kreisausschuß, in Stadtkreisen der Bezirksausschuß."

In ähnlicher Weise sind auch bereits durch § 106 ebenda die Klagen und Beschwerden der betheiligten Grundbesitzer über die Vertheilung der Jagdpachtgelder geregelt worden. Der § 106 cit. bestimmt:

„Auf Beschwerden und Einsprüche, betreffend die von der Gemeindebehörde oder dem Jagdvorstande festgestellte Vertheilung der Erträge der gemeinschaftlichen Jagdnutzung,

---

schränkungen für das im Uebrigen freie Bestimmungsrecht der Einzelstaaten interessiren hier nicht. Namentlich treffen auch die Voraussetzungen des § 4 des E.G. z. Civilprozeßordg. hier nicht zu.

beschließt die Gemeindebehörde, beziehungsweise der Jagdvorstand. Gegen den Beschluß findet innerhalb zwei Wochen die Klage bei dem Kreisausschusse, im Stadtkreise bei dem Bezirksausschusse statt."

Nun erscheint aber die Vorschrift über die Entschädigung des einzelnen Grundbesitzers für erlittenen Wildschaden durch die Gesammtheit der Grundbesitzer des gemeinschaftlichen Jagdbezirks in Wirklichkeit nur als eine anderweite gesetzliche Regelung der Vertheilung der Pachtgelder resp. der sonstigen Jagderträge. Der Beschädigte erhält aus den letzteren die zur Ausgleichung seiner thatsächlichen Mehrbelastung — seines Wildschadens — erforderliche Summe voraus; erst dasjenige, was nach Erledigung dieser gesetzlich vorgeschriebenen Aufwendung übrig bleibt (§ 11 des Jagdpolizeigesetzes vom 7. März 1850), kann unter die Gesammtheit der Grundstücksbesitzer nach Verhältniß des Flächeninhalts der Grundstücke vertheilt werden. Schon dieser Gesichtspunkt weist in Anlehnung an das bestehende Recht auf die Ueberweisung des Wildschadens an die Verwaltungsgerichte hin. Es kommt aber noch eine fernere Erwägung hinzu. Der Wildschaden hat, soweit er den Jagdberechtigten trifft, nicht die Natur eines gewöhnlichen Schadens im Sinne des 6. Titels Theil I des Allgemeinen Landrechts. Derselbe ist vielmehr für den Jagdberechtigten ein nothwendiges Uebel; er bildet die nothwendige Voraussetzung und Folge des Jagdrechts. Die Grundstückseigenthümer, welche in der Nähe eines Waldes eine gemeinschaftliche Jagd besitzen und mit Rücksicht auf das austretende Hochwild eine ungleich höhere Pacht erzielen, als die Jagd ohne Hochwild einbringen würde, müssen naturgemäß auch Wildschaden erleiden, da das [für die Jagdberechtigten vortheilhafte] Austreten des Wildes ohne Anrichtung irgend welchen Schadens nicht denkbar ist. Für den bei der Jagd betheiligten Grundbesitzer enthält also der Wildschaden nicht schlechtweg eine Verschlimmerung seines Vermögenszustandes, § 1 Titel 6 A.L.R. Th. I,[8]) sondern nur eine eventuelle, unter Umständen — bei hoher Jagdpacht — gar keine. Auch dieser Zusammenhang des Wildschadens mit den im öffentlichen Rechte beruhenden Jagdrechte rechtfertigt die Ueberweisung dieser Art Schäden an die Verwaltungsgerichte. Was von dem Grundstückseigenthümer gesagt ist, gilt auch in gleicher Weise von dem Grundstücks-Pächter, dem Nießbraucher u. s. w., da diese ihre Rechte lediglich von ersteren ableiten und deshalb nicht anders zu behandeln sind, als jener. Endlich enthält das Jagdpolizeigesetz vom 7. März 1850 auch besondere Bestimmungen hinsichtlich des Jagdrechts des Enklavenbesitzers, welche es wünschenswerth machten, die Schadensersatzansprüche desselben formell in derselben Weise zu regeln, wie die der Grundbesitzer in den gemeinschaftlichen Jagdbezirken. (Vgl. auch den oben erwähnten § 105[8] des Zuständigkeitsgesetzes vom 1. August 1883 und dazu die Begründung des Regierungs-Entwurfs S. 65.)

War aber die preußische Gesetzgebung unzweifelhaft berechtigt, die Entscheidung über den Ersatz des Wildschadens in den Fällen der §§ 1—3 des Gesetzes den ordentlichen Gerichten zu entziehen, und denselben zum polizeilichen Vorverfahren resp. an die Verwaltungsgerichte zu verweisen, so erscheint die Beantwortung der weiteren Frage, ob eine

---

[8]) Vgl. wegen des Gem.-Rechts Windscheid § 258.

derartige Regelung des Verfahrens thatsächlich erfolgen sollte, lediglich als eine Sache der praktischen Erwägung, auf welche einzugehen hier nicht der Ort ist.

Dagegen erübrigt es noch, ausdrücklich darauf hinzuweisen, daß das Vorverfahren und das Verwaltungsstreitverfahren nur dann Platz greift, wenn der Beschädigte auf Grund der §§ 1—3 des Gesetzes Ersatz für Wildschaden fordern will.

Handelt es sich aber um einen Entschädigungsanspruch, welcher außerhalb dieser Bestimmungen liegt, so tritt selbstverständlich die Entscheidung des ordentlichen Richters ein.

Dahin gehört in erster Linie der Wildschadensersatzanspruch aus dem Vertrage, da das gegenwärtige Gesetz, wie bereits erwähnt, nur die gesetzliche Entschädigung regelt. Ob und in welchem Umfange der Jagdpächter dem das Grundstück nutzenden Jagdverpächter Wildschaden zu ersetzen hat, richtet sich nach dem Jagdpachtvertrage; hierüber haben eventuell die ordentlichen Gerichte zu befinden. Ebenso über die Frage, ob der Grundbesitzer, welcher das einen selbstständigen Jagdbezirk bildende Grundstück verpachtet, sich selbst aber das Jagdrecht auf demselben vorbehalten hat, dem Grundstückspächter Entschädigung für Wildschaden zu leisten hat. Auch hierüber entscheidet der Vertrag, und gehört deshalb die Angelegenheit zur Zuständigkeit der ordentlichen Gerichte.

Ebenso würden aber auch über die in § 14 des Gesetzes vorgesehenen Schäden von Schwarzwild, welches aus einem Gehege ausgetreten ist, die Amtsgerichte zu entscheiden haben, da dieser Anspruch nicht auf Grund der §§ 1—3 gefordert wird. (S. 68 folgende.)

§ 5.

Der Geltungsbereich des Wildschadengesetzes.

Der Geltungsbereich des Wildschadengesetzes umfaßt die gesammte Monarchie mit Ausnahme der Provinz Hannover (das Gebiet des vormaligen Königreichs Hannover, einschließlich des Jadegebietes)[1]) und dem Theile der Provinz Hessen-Nassau, welcher sich mit dem vormaligen Kurfürstenthum Hessen deckt. In diesen beiden Gebietstheilen ist der Ersatzanspruch wegen Wildschadens bereits anderweit zur Zufriedenheit der dortigen Bevölkerung geregelt.[2])

In den übrigen Provinzen des preußischen Staates ist der gesetzliche Anspruch auf Erstattung des Wildschadens durch

---

[1]) Vgl. Gesetz, betreffend den Rechtszustand des Jadegebietes vom 23. März 1873 Ges.S. S. 107.

[2]) a) Für die Provinz Hannover kommen bezüglich des Wildschadensersatzes in Betracht:

Das hannov. Gesetz über den Wildschaden vom 21. Juli 1848, Hannov. Ges.S. S. 215, sowie der § 23 und der § 25 letzter Satz der hannov. Jagdordnung vom 11. März 1859 Ges.S. Abth. I, S. 159.

b) In Kurhessen ist der Ersatz des Wildschadens durch das Gesetz, betreffend Ersatz des Wildschadens vom 26. Januar 1854 (Kurh. Ges.S. S. 9) in Verbindung mit dem Ges. vom 7. Sept. 1865, betreffend das Jagdrecht und dessen Ausübung (Kurh. G.S. S. 571) geregelt. Die fortdauernde Gültigkeit dieser Gesetze ergiebt sich aus § 7 Abs. 2 des Ges. vom 1. März 1873, Preuß. Ges.S. S. 27. Die das Verfahren betreffenden Vorschriften enthalten die §§ 34—40 des erwähnten Gesetzes vom 7. Sept. 1865, von denen jedoch die §§ 38 und 39 durch § 14 des Einführungsgesetzes zur Civilprozeßordnung außer Kraft gesetzt sind.

das gegenwärtige Gesetz theils neu eingeführt worden, theils haben die darüber vorhandenen Bestimmungen durch dasselbe eine Abänderung erlitten.

Für das Gebiet der Monarchie vor dem Jahre 1866, einschließlich Hohenzollern-Sigmaringen,[3]) bestand bisher ein gesetzlicher Anspruch auf Wildschaden nicht (§ 25 des Jagdpolizeigesetzes vom 7. März 1850). Ebenso war derselbe ausgeschlossen in Schleswig-Holstein,[4]) ferner in Nassau[5]) und in Lauenburg;[6]) endlich im Gebiete des Amtes Meisenheim[7]) und der Enklave Kaulsdorf.[8])

In dem Gebiete der Stadt Frankfurt a/M.[9]) und in Hohenzollern-Hechingen[10]) fehlten ausdrückliche Vorschriften über Wildschadensersatz.

---

[3]) Gesetz für Hohenzollern-Sigmaringen vom 29. Juli 1848 Artikel 5.

[4]) In Schleswig-Holstein ist das preußische Jagdpolizeigesetz vom 7. März 1850 (mit Ausschluß der §§ 18 und 26) durch § 7 des Gesetzes vom 1. März 1873 (Ges.S. S. 27) ausdrücklich eingeführt.

[5]) § 27 der Verordnung für Nassau vom 30. März 1867, Ges.S. S. 426.

[6]) § 28 des Gesetzes vom 17. Juli 1872 (Lauenburgisches off. Wochenblatt Nr. 42).

[7]) Verordnung, betreffend die Einführung der im westrheinischen Theile des Regierungsbezirks Coblenz geltenden Gesetze in dem vormals Hessen-Homburgischen Oberamte Meisenheim, vom 20. Sept. 1867 (Ges.S. S. 1534).

[8]) Verordnung, betreffend die Einführung der Preußischen Gesetze und die Justizverwaltung in der vormals Bayerischen Enklave Kaulsdorf, vom 22. Mai 1867 (Ges.S. S. 729).

[9]) Vergleiche das Gesetz vom 28. August 1850 (Gesetz-Sammlung für Frankfurt, Bd. 10, S. 323).

[10]) Vergleiche das Gesetz für Hohenzollern-Hechingen vom 16. April 1849.

In den 1866 von Bayern an Preußen abgetretenen Gebieten Orb und Gersfeld war bisher nach dem Bayerischen Gesetze vom 15. Juni 1850[11]) jeder Wildschaden, mit Ausnahme des von Federwild angerichteten, aus der Gemeindekasse, bei Enklavejagden vom Anpächter zu ersetzen. Baumschulen, Obstgärten und einzeln stehende Bäume sind vom Eigenthümer selbst gegen Wildschaden zu verwahren.

In den vormals Hessen-Darmstädt'schen Gebietstheilen waren die Gemeinden und in gleicher Weise auch die Pächter von Gemeindejagden für jeden Wildschaden verantwortlich, welcher sich innerhalb der Distrikte, worin sie die Jagd auszuüben haben, an den Erzeugnissen von Feldern, Wiesen, Weinbergen und Gärten, an Bäumen oder an Waldkulturen ereigneten.[12])

In den vormals Hessen-Homburg'schen Landestheilen mit Ausschluß des Amtes Meisenheim, waren die Pächter von Gemeindejagden verpflichtet, den innerhalb des gepachteten Jagdbezirks durch Schwarz-, Roth-, Dam- oder Rehwild an den Erzeugnissen von Feldern, Wiesen und Gärten, oder an Bäumen oder Waldkulturen verursachten Schaden auf Verlangen des Besitzers des beschädigten Grundstücks zu ersetzen.[13])

---

[11]) Gesetz-Blatt für das Königreich Bayern S. 185.

[12]) Großherzogl. Hessisches Jagdgesetz vom 26. Juli 1848, Regierungsblatt S. 229, Art. 12.

[13]) Hessen-Homburgische Verordnung vom 12. Mai 1857, Regierungsblatt Nr. 5, und vom 7. Juli 1863 § 1, Regierungsblatt Nr. 5. (Archiv der landgräflich Hessischen Gesetze und Verordnungen S. 812 und 907.)

Es konnte zweifelhaft sein, ob es sich empfehlen würde, auch auf die zuletzt erwähnten Gebietstheile das gegenwärtige Gesetz auszudehnen. Der Kommissionsbericht des Abgeordnetenhauses vom 29. April 1890, Nr. 181 der Drucksachen bemerkt darüber Seite 7:

„Die Kommission beschloß, auch die vormals Hohenzollern'schen, Frankfurtischen, Bayrischen, Hessen-Darmstädtischen und Hessen-Homburgischen Gebietstheile in den Geltungsbereich des vorliegenden Gesetzentwurfs hineinzuziehen, um diejenigen von diesen Bezirken, in denen kein gesetzlicher Anspruch auf Wildschadenersatz besteht, der Vortheile dieses Entwurfs theilhaftig zu machen. Für den Rest dieser Bezirke erschienen die durch diesen Gesetzentwurf eingeführten Aenderungen so wenig erheblich, und diese Gebiete selbst in ihrem Umfange so klein, daß man im Interesse der Rechtseinheit ihre Unterstellung unter diesen Gesetzentwurf für zweckmäßig erachtete."

Diesen Erwägungen haben sich dann beide Häuser des Landtags angeschlossen.

§ 6.

Abweichende Meinungen; die Entscheidung des Oberverwaltungsgerichts, betreffend den § 12 des Wildschadengesetzes.

Es erscheint zweckmäßig, zum Schluß der Einleitung noch derjenigen Meinungsverschiedenheiten zu gedenken, welche in Betreff einzelner wichtiger Punkte zwischen dem vorliegenden Kommentar einerseits und den Ansichten anderer Kommentatoren, sowie nicht minder auch des Oberverwaltungsgerichts hervorgetreten sind.

I. Beginnen wir mit der wichtigen Entscheidung des Oberverwaltungsgerichts vom 6. März 1893, die Auslegung des § 12 des Wildschadengesetzes betreffend.

Der § 12 bestimmt:

„Ist während des Kalenderjahres wiederholt durch Roth- oder Damwild verursachter Wildschaden durch die Ortspolizeibehörde festgestellt worden, so muß auf Antrag der Ersatzpflichtigen oder der Jagdberechtigten die Aufsichtsbehörde sowohl für den betroffenen, als auch nach Bedürfniß für benachbarte Jagdbezirke die Schonzeit der schädigenden Wildgattung für einen bestimmten Zeitraum aufheben und die Jagdberechtigen zum Abschuß auffordern und anhalten." Nach diesseitiger Ansicht darf die Vorschrift des § 12 nicht so verstanden werden, als ob die Aufhebung der Schonzeit auch dann erfolgen müßte, wenn der Inhaber eines selbständigen Jagdbezirks auf seinem Jagdgebiete einen zweimaligen Wildschaden durch die Ortspolizeibehörde hat feststellen lassen. Die Ansicht ist in den beiden ersten Auflagen dieses Kommentars in der Note 3 zu § 12 cit. in eingehender Weise, insbesondere auch unter Berücksichtigung der Aeußerung des Abgeordneten Bohtz in der Sitzung des Abgeordnetenhauses vom 15. Juni 1891, begründet worden.

Das Oberverwaltungsgericht ist in dem Urtheile vom 6. März 1893 zu dem entgegengesetzten Resultate gelangt. Das Urtheil lautet:

In der Verwaltungsstreitsache des Königlichen Regierungspräsidenten zu W., Klägers, wider den Bezirksausschuß zu W., Beklagten, hat das Königliche Oberverwaltungsgericht, Dritter Senat, für Recht erkannt, daß die gegen den Beschluß des Beklagten vom 31. Oktober 1892 erhobene Klage zurückzuweisen und die Kosten, unter Festsetzung des Werthes des Streitgegenstandes auf 100 Mk., dem Kläger zur Last zu legen, das Pauschquantum jedoch außer Ansatz zu lassen.

Gründe.

Mittelst Schreibens vom 4. September 1892 beantragte der Kaufmann W. C. zu M. bei dem Königlichen Landrathe zu M. mit der Behauptung, daß auf der von ihm gepachteten E....dorfer Jagd wiederholt Schaden durch Rothwild entstanden und bezahlt worden sei, die Schonzeit für weibliches Rothwild aufzuheben. Dem Schreiben war eine Bescheinigung des Bürgermeisters zu E....dorf beigefügt, welche lautete: Es wird hiermit dem Jagdpächter Herrn Wilhelm C. von M. bescheinigt, daß derselbe die E....dorfer Jagd gepachtet und derselbe in dem Felddistrikt M., welcher im Wald liegt, schon drei Mal Wildschaden bezahlt hat für ausgetretenes Rothwild. Der Landrath forderte Bericht von dem Bürgermeister zu E....dorf und, nachdem dieser unter dem 13. desselben Monats angezeigt hatte, es seien schriftliche Verhandlungen bei den im Jahre 1892 stattgehabten Wildschäden von der Ortspolizeibehörde nicht ausgefertigt worden, der erste Wildschaden sei durch das Feldgericht abgeschätzt worden und bei dem zweiten habe eine Vereinbarung der Betheiligten stattgefunden, im Ganzen seien 12 Mk. Vergütung gezahlt worden, wurde der Antragsteller C. am 20. September 1892 dahin beschieden, daß, da die angestellten Ermittelungen ergeben hätten, daß die Feststellung des behaupteten Wildschadens nicht unter Innehaltung der vom Gesetze (§§ 6, 7 und 9 des Gesetzes vom 11. Juli 1891) zum Schutze der verschiedenen Interessen vorgeschriebenen Formen erfolgt sei, der Antrag abgelehnt werde. Gegen diese Verfügung erhob C. Beschwerde, worauf der Bezirksausschuß zu W. am 31. Oktober 1892 die Verfügung aufhob unter folgender Begründung: Ausweislich der Akten des Königlichen Landrathsamtes zu M. habe die Ortspolizeibehörde in E....dorf während des Kalenderjahres 1892 wiederholt durch Rothwild in dem Jagdbezirke des C. verursachten Wildschaden festgestellt. Damit seien die Voraussetzungen erfüllt, an welche alle in der § 12 des Wildschadengesetzes die Aufhebung der Schonzeit der schädigenden Wildgattung knüpfe. Die diese Aufhebung versagende Verfügung sei demgemäß ungerechtfertigt, insbesondere könne ein bei der Feststellung des Wildschadens untergelaufener Fehler der Ortspolizeibehörde die Versagung nicht begründen. Da inzwischen die Schonzeit für Rothwild abgelaufen sei, erübrige sich eine bezügliche Verfügung des Bezirksausschusses. Gegen diesen Beschluß hat der Königliche Regierungspräsident zu W. Klage auf Grund des § 103 des Zuständigkeitsgesetzes und des § 126 des Landesverwaltungsgesetzes mit dem Antrage erhoben, den Beschluß aufzuheben und dem Bezirksausschusse die baaren Auslagen des Verfahrens und die für den Kläger erforderlichen baaren Auslagen aufzuerlegen. Der Kläger geht davon aus, daß der angegriffene Beschluß das bestehende Recht, nämlich den § 12 des Wildschadengesetzes, durch unrichtige Anwendung verletze. Nach dieser Vorschrift sei Voraussetzung der Aufhebung der Schonzeit, daß während eines Kalenderjahres durch die Ortspolizeibehörde wiederholt durch Roth- oder Damwild verursachter Wildschaden festgestellt worden sei, und zwar in den in den §§ 6 bis 9 des Wildschadengesetzes vorgeschriebenen Formen, welche als wesentlich zu erachten seien. An diesen Voraussetzungen fehle es im vorliegenden Falle. Der Bezirksausschuß hat der Klage widersprochen, er hält das bestehende Recht nicht für verletzt und den Beschluß aus den darin angegebenen Gründen für gerechtfertigt. Darauf bemerkte der Kläger noch, der Beschädigte habe die Beschädigung nicht binnen drei Tagen und nicht schriftlich oder zu Protokoll bei der Ortspolizeibehörde angemeldet, letztere die Parteien auch nicht unter der im § 7 des Wildschadengesetzes vorgeschriebenen Verwarnung vorgeladen und keinen schriftlichen Vorbescheid erlassen. — Es war wie geschehen, zu erkennen. Der § 12 des Wildschadengesetzes lautet: (Folgt der Wortlaut des S. 28 mitgetheilten Paragraphen. Alsdann wird fortgefahren:) Die Parteien streiten darüber, ob wiederholt im Jahre 1892 auf dem gemeinschaftlichen Jagdbezirke E....dorf durch Rothwild verursachter Schaden durch die Ortspolizeibehörde festgestellt worden sei oder ob eine solche Feststellung nicht stattgefunden habe. Der Kläger verneint diese

Frage, da der von dem Jagdpächter wiederholt bezahlte Wildschaden nicht durch den Bürgermeister von E.... dorf in den Formen der §§ 6 bis 9 des Wildschadengesetzes festgestellt worden sei. Der Beklagte behauptet nicht, daß diese Formen beobachtet seien, er will aber die Nichtbeachtung dieser Formen durch die Ortspolizeibehörde als Grund für die Versagung der Aufhebung der Schonzeit nicht gelten lassen. Der letzteren Ansicht mußte beigetreten werden. Die Vorschrift des § 12 reiht sich allerdings äußerlich an die das ortspolizeiliche Ermittelungsverfahren regelnden §§ 6 ff. des Gesetzes an. Allein trotz dieses äußerlichen Zusammenhanges tritt sie aus dem Rahmen der §§ 6 bis 11 vollständig heraus. Die §§ 1 bis 5 enthalten die materiellen Bestimmungen über den Begriff des Wildschadens und die Ersatzpflicht, die §§ 6 bis 11 betreffen das Verfahren, wie Wildschaden-Ersatzansprüche zu verfolgen sind, und die Kosten des Verfahrens. Wildschaden-Ersatzansprüche sollen im Verwaltungsstreitverfahren entschieden werden; vor Anrufung des Verwaltungsrichters bedarf es eines Vorverfahrens vor der Ortspolizeibehörde, analog wie bei Ersatzgeldansprüchen (§§ 75 ff. des Feld- und Forstpolizeigesetzes vom 1. April 1880). Dieses Vorverfahren ist wie das sich anschließende Verwaltungsstreitverfahren richterlicher Natur. Die dann folgenden Vorschriften (§§ 12 ff.) lösen sich von diesen materiellen und formellen Vorschriften über die Geltendmachung von Wildschaden-Ersatzansprüchen in einem richterlichen Verfahren los und enthalten Vorbeugungsmaßregeln polizeilichen Charakters. Insbesondere soll nach § 12 die Aufsichtsbehörde, sofern während des Kalenderjahres wiederholt durch Roth- oder Damwild verursachter Wildschaden festgestellt worden, auf Antrag des Ersatzpflichtigen oder der Jagdberechtigten sowohl für den betroffenen, als auch für benachbarte Jagdbezirke die Schonzeit der schädigenden Wildgattung aufheben und die Jagdberechtigten zum Abschuß auffordern und anhalten. Diese Vorbeugungsmaßregel wäre, wenn der Ansicht des Klägers gefolgt würde, auf Einzeljagdbezirke nicht anwendbar, da das Gesetz ein besonderes Verfahren für die Feststellung des Wildschadens in Einzeljagdbezirken, die nothwendige Voraussetzung der Vorbeugungsmaßregel, nicht kennt und das in den §§ 6 ff. geregelte Vorverfahren nur für die Feststellung des Wildschadens in gemeinschaftlichen Jagdbezirken gegeben ist, für die Feststellung des Wildschadens in Einzeljagdbezirken aber nicht paßt; diese Verschiedenheit, für die der Wortlaut des § 12 keinen Anhalt giebt, wird vermieden, wenn der Ansicht des Beklagten gefolgt wird. Zu gleichem Ergebnisse gelangt man an der Hand der Materialien. Das Herrenhaus hatte als § 14 (Drucksache Nr. 348 des Abgeordnetenhauses) folgende Bestimmung aufgenommen: Ist während des Kalenderjahres wiederholt durch Roth- oder Damwild verursachter Wildschaden festgestellt worden, so muß auf Antrag der Ersatzpflichtigen den Jagdberechtigten, und den Jagdberechtigten angrenzender Waldreviere auf deren Antrag, für eine bestimmte Zeit auch während der Schonzeit gestattet werden, die schädigende Wildart abzumindern. Die Genehmigung erfolgt durch den Landrath. Gegen die abweisende Verfügung ist nur die Beschwerde bei der Aufsichtsbehörde zulässig. Die Abgeordneten Freiherr von Huene und Genossen (Drucksache Nr. 411) beantragten, den § 14 wie folgt zu fassen: Ist während des Kalenderjahres wiederholt durch Roth- oder Damwild verursachter Wildschaden durch die Ortspolizeibehörde festgestellt worden (§ 11), so muß auf Antrag des Ersatzpflichtigen oder der Jagdberechtigten die Aufsichtsbehörde sowohl für den betroffenen, als auch nach Bedürfniß für benachbarte Jagdbezirke die Schonzeit der schädigenden Wildgattung für einen bestimmten Zeitraum aufheben und die Jagdberechtigten zum Abschuß anhalten. In der Sitzung des Abgeordnetenhauses vom 15. Juni 1891 (Stenographische Berichte Seite 2821) beantragte der Abgeordnete Bohtz, das Allegat (§ 11) in § 14 zu streichen, und begründete seinen Antrag mit folgender Ausführung: „Wenn ich mich nun zu diesem Paragraphen zum Worte gemeldet habe, so geschah dies eigentlich aus ganz anderer Absicht. Ich bin der Meinung, daß in dem Paragraphen, wie er von dem Herrn Abgeordneten Freiherrn von Huene auf Nr. 411 unter IX vorgeschlagen ist, das Allegat „§ 11" gestrichen werden muß. Nach meinem Dafürhalten verdunkelt die Einfügung dieses Allegats den Sinn und die Bedeutung der Bestimmung, wie sie thatsächlich gewollt ist. Es heißt hier: Ist während des Kalenderjahres wiederholt durch Roth- oder Dammwild verursachter Wildschaden durch die Ortspolizeibehörde festgestellt worden (§ 11). — In § 11 steht aber nichts von einer Feststellung durch die Ortspolizeibehörde. Der § 11 handelt bereits von einem Vorbescheid, den die Ortspolizeibehörde auf Grund ihrer Besichtigung erlassen soll. Es könnte allenfalls der § 9 gemeint sein, der von der Ermittelung der Ortspolizeibehörde handelt. Aber eine solche Ermittelung auf Grund des § 9 ist wieder abhängig von einem Antrage auf Grund des § 8, und in § 8 heißt es: Der Beschädigte, welcher auf Grund der §§ 1 bis 3 Ersatz für Wildschaden fordern will, hat diesen Anspruch bei der für das geschädigte Grundstück zu ständigen Ortspolizeibehörde binnen 3 Tagen, nachdem er von der Beschädigung Kenntniß erhalten hat, schriftlich oder zu Protokoll anzumelden. Es würde also, wenn man den § 11 stehen läßt, auch im § 14 nur von solchen Grundstücken die Rede sein, bezüglich welcher ein Grundbesitzer das Recht haben würde, Schadenersatz auf Grund der vorhergehenden Paragraphen zu fordern. Dieser Schadenersatz ist in dem uns vorliegenden Gesetze aber nur geregelt für gemeinschaftliche Jagdbezirke und für Enklaven. Es ist von einem Schadenersatz in selbstständigen Jagdbezirken in diesem ganzen Paragraphen bisher gar nicht die Rede. Es würde sich nun die Sache so gestalten: Wenn in einer großen Gemeinde ein Paar bäuerliche Besitzer über 300 Morgen im Zusammenhang besitzen und einen eigenen Jagdbezirk haben, auf dem sie gemeinhin die Jagd selbst ausüben, und es werden nun diese Grundstücke von Rothwild geschädigt, dann ist doch Niemand da, der den Schadenersatzanspruch an den Grundbesitzer stellen kann, wie höchstens er selbst. Es müßte also der Eigenthümer des Jagdbezirks bei der Ortspolizeibehörde gegen sich selbst Schadenersatz beantragen, um überhaupt die Feststellung der Ortspolizeibehörde nach diesem Paragraphen herbeiführen zu können. Dieser Umstand ist bei der Einfügung des § 11 in Parenthese nicht genügend berücksichtigt worden; das komplizirt die ganze Sache, und beschränkt sie auf der anderen Seite wiederum auf gemeinschaftliche Jagdbezirke und Enklaven, während wir doch — das hat namentlich Herr von Rauchhaupt in der vorigen Sitzung ganz klar hervorgehoben — durchaus wünschen, daß auch auf selbstständige Jagdbezirke, welchen bisher auf Grund der bestehenden Gesetzgebung die Erlaubniß zum Abschuß während der Schonzeit nicht ertheilt werden konnte, diese Erlaubniß ausgedehnt werden soll, um auch für solche Jagdbezirke auf Grund der vorliegenden Bestimmungen die Schonzeit für gewisse Zeit ganz aufheben zu können. Ich bin der Meinung, wir streichen einfach das Allegat des § 11, dann liegt die Sache klipp und klar und trifft alle diese Fälle; während, wenn wir „§ 11" stehen lassen, wir die Sache an und für sich unklar machen und ungemein kompliziren. Folgen Sie meinem Antrag, so würde es sich für die Folge so stellen: Der Besitzer eines selbstständigen Jagdbezirks, der selbst die Jagd ausübt, der sie nicht verpachtet hat, findet erheblichen Wildschaden auf seinen Feldern vor. Er will sich diesen Schaden abwehren, und stellt beim Landrath den Antrag, durch die Polizeibehörde feststellen zu lassen, daß der vorhandene Schaden auf seinem Grundstück während der Schonzeit eingetreten ist. Auf Grund der Feststellung kann dann der Landrath auch dem Besitzer des selbstständigen Jagdbezirks die Erlaubniß ertheilen, während der Schonzeit dort Roth- und Damwild abzuschießen. Ich bitte nochmals, das Allegat „§ 11" einfach zu streichen, dann wird die Sache klar, wie wir sie eigentlich beabsichtigen." Das Abgeordnetenhaus nahm alsdann die Vorschrift als § 12 mit dem Wortlaute an: Ist während des Kalenderjahres wiederholt durch Roth- oder Damwild verursachter Wildschaden durch die Ortspolizeibehörde festgestellt worden, so muß u. s. w. Dieser Wortlaut ging in das Gesetz über, ohne daß die Königliche Staatsregierung oder ein Redner des Abgeordneten- oder des Herrenhauses sich gegen die Auffassung des Abgeordneten Bohtz verwahrt hätte. Danach erscheint die Auslegung, welche der Abgeordnete Bohtz dem § 12 hat angedeihen lassen, allein maßgebend. Daraus ergiebt sich, daß die Feststellung des Wildschadens, welche die Ortspolizeibehörde vor einem Beschlusse der Jagdpolizeibehörde wegen Aufhebung der Schonzeit vorzunehmen hat, nicht in den Formen der §§ 6 ff. zu erfolgen braucht. Die Ortspolizeibehörde kann vielmehr den Wildschaden auch außerhalb dieser Formen in anderer Weise feststellen. Es genügt, daß die Thatsache des wiederholten, durch Roth- oder Damwild verursachten Wildschadens polizeilich konstatirt wird. Nach der von dem Bürgermeister zu E....dorf ausgestellten Bescheinigung vom 4. September 1892, deren Unrichtigkeit Kläger nicht behauptet, in Verbindung mit dem Berichte vom 14. desselben Monats hat das Feldgericht im Jahre 1892 zwei Mal durch Rothwild verursachten Schaden abgeschätzt. Dadurch ist wiederholt im Jahre 1892 durch Rothwild verursachter Schaden im Sinne des § 12 festgestellt. Es erscheint sonach die Klage unbegründet. Der Kostenpunkt u. s. w.

Die Begründung des vorstehenden Urtheils ist nach diesseitiger Ansicht nicht haltbar. Prüfen wir zunächst den zweiten, der Aeußerung des Abgeordneten Bohtz entnommenen Entscheidungsgrund. Bisher wurde sowohl in der Theorie, als auch in der Judikatur des Reichsgerichts davon ausgegangen, daß weder den Aeußerungen einzelner Abgeordneten noch auch den Erklärungen eines Regierungsvertreters ein entscheidendes Gewicht für die Auslegung eines Gesetzes beigelegt werden könne. Eccius sagt darüber in der V. Auflage des preußischen Privatrechts von Förster Band I. Seite 71: „Seit der Aenderung der preußischen Staatsverfassung ist in den Motiven der Regierungsvorlagen sowie in den Landtags- und Reichstagsverhandlungen der Gesetzauslegung ein neues Material zugeführt. Es soll nicht geleugnet werden, daß diese Verhandlungen von Bedeutung sind. Aber man darf diese Bedeutung nicht überschätzen. Der Landtag als Einheit äußert sich nur durch seine Beschlüsse. Welche Motive die einzelnen Mitglieder bei ihren Abstimmungen geleitet haben, bleibt meist unbekannt, ob die Ansichten der aufgetretenen Redner auch diejenigen der Mehrheit gewesen, ist nicht festzustellen, und nur den Regierungsmotiven und den Kommissionsberichten kann größeres Gewicht beigelegt werden, wenn die Vorlagen der Regierung oder die Anträge der Kommission angenommen worden sind."

Noch deutlicher und schärfer hat sich das Reichsgericht über die Bedeutung der Parlamentsreden ausgesprochen. In dem Urtheile vom 8. Juli 1885, Bd. 14 Seite 70 folgende der Entscheidungen, handelt es sich um die Frage, ob durch das Reichsgesetz vom 30. November 1874 die Normen über das Recht des Markenschutzes für das ganze Gebiet des deutschen Reichs derartig erschöpfend festgestellt sind, daß für etwaige landesgesetzliche Vorschriften kein weiterer Raum bleibt, oder ob umgekehrt neben dem Reichsgesetze auch die landesgesetzlichen, über die Bestimmungen des Markenschutzgesetzes hinausgehenden Vorschriften Gesetzeskraft behalten haben.

Das Reichsgericht hat, gestützt auf den Inbegriff des Reichs-Markenschutzgesetzes, im Sinne der ersteren Alternative entschieden und zwar trotz der entgegenstehenden Kammerverhandlungen.

Das Reichsgericht erwägt wörtlich:

„Allerdings hat bei der zweiten Berathung des Entwurfs eines Gesetzes über den Markenschutz in der Sitzung des Deutschen Reichstages vom 11. November 1874 der Abgeordnete Struckmann erklärt:

„„Ich habe das Wort erbeten, den Herrn Vertreter des Bundesrathes um eine Aufklärung zu bitten. Der § 13 enthält nicht bloß eine strafrechtliche Bestimmung, sondern auch eine civilrechtliche. Er erklärt nämlich denjenigen zur Entschädigung verpflichtet, der Waaren oder deren Verpackung wissentlich mit einem falschen Zeichen versieht. Es wird also nur der wissentlich Handelnde zur Entschädigung verpflichtet erklärt. Dagegen ist weder hier noch in den übrigen Paragraphen die Rede davon, ob auch Jemand, der aus grober Fahrlässigkeit oder überhaupt aus Fahrlässigkeit diese Handlung begeht, zur Entschädigung verpflichtet sei; und weil das Strafgesetzbuch bloß von dem einen Falle der wissentlichen Verletzung spricht, nicht aber auch von dem anderen, so könnte dadurch die Ansicht entstehen, als ob das Gesetz überhaupt nur für diesen Fall eine Entschädigung festsetzen wollte, und diejenigen Landesgesetzgebungen, in welchen auch in anderen Fällen, nämlich in dem Falle der Fahrlässigkeit eine Entschädigung geleistet werden muß, abgeändert werden sollen. Meines Erachtens würde diese Auslegung des Gesetzes eine unrichtige sein und würde sich auch materiell in keiner Weise empfehlen. Es giebt verschiedene Gesetzgebungen, wonach eine Entschädigung auch im Falle einer Fahrlässigkeit verlangt werden kann. Meine Anfrage geht deshalb nur dahin, ob es in der Absicht gelegen hat, in dieser Beziehung in die Landesgesetzgebung einzugreifen, oder ob die Landesgesetzgebungen in dieser Richtung gänzlich frei bleiben.““

Allerdings hat der Kommissarius des Bundesrathes, Kaiserlicher Regierungsrath N. darauf entgegnet:

„„Der Herr Abgeordnete Struckmann hat die Frage gestellt, ob es die Absicht des Entwurfes sei, landesgesetzliche Bestimmungen außer Kraft zu setzen, die etwa über den durch § 13 gedeckten Fall hinaus, dem Verletzten einen Anspruch auf Entschädigung gewähren. Ich habe die Frage dahin zu beantworten, daß diese Absicht dem Entwurfe nicht zu Grunde liegt, und daß es nach der Auffassung der Regierungen auch durch die Fassung ausgeschlossen ist, eine derartige Absicht zu präsumieren, und zwar deshalb weil § 13 nicht ausschließlich für den darin vorgesehenen Fall eine Entschädigung zusagt, sondern sich einfach beschränkt, die Entschädigungspflicht für diesen Fall gesetzlich zu regeln.""

Allerdings ist diesen Erklärungen bei der ferneren Berathung des Gesetzentwurfes nicht entgegengetreten.

Allerdings ist anzuerkennen, daß jene bei der Berathung des Entwurfes eines Gesetzes über den Markenschutz abgegebenen Erklärungen mit der oben klar gelegten Auslegung des Reichsgesetzes über den Markenschutz sowohl in der Richtung, daß durch dieses Gesetz das Markenschutzrecht erschöpfend geregelt sei, als auch in Bezug auf die Interpretation der §§ 14, 15 des Gesetzes in Widerspruch stehen. Es sind aber die aus dem Inhalte des Gesetzes selbst für dessen oben klargelegte Auslegung entnommenen Gründe für durchgreifend, und die mitgetheilten bei der Berathung im Reichstage abgegebenen Erklärungen (trotz der Fassung der von dem Kommissarius des Bundesrathes abgegebenen Erklärung) als verfehlte zu bezeichnen, welche von neuem einen schlagenden Belag dafür bieten, wie wenig es angezeigt ist, auf Aeußerungen bei der Berathung von Gesetzen in den legislativen Stadien ein entscheidendes Gewicht zu legen, statt den Inhalt des Gesetzes genau und scharf in das Auge zu fassen."

In dem gleichen Sinne hat sich das Reichsgericht auch in anderen Entscheidungen ausgesprochen.

Folgt man diesen Grundsätzen der Theorie und Praxis, so muß es an sich schon bedenklich erscheinen, den Aeußerungen des Abgeordneten Bohtz ein entscheidendes Gewicht beizulegen. Maßgebend für die Beurtheilung der Sachlage im Abgeordnetenhause ist vielmehr der dem Antrage des Bohtz entsprechende Beschluß, d. h. die vom Abgeordnetenhause vorgenommene Streichung des Allegats (§ 11) in dem Antrage des Abg. v. Huene. Für das Herrenhaus kann aber weder der Rede des Abg. Bohtz, noch dem gedachten Beschlusse des Abgeordnetenhauses, eine Bedeutung beigemessen werden; jener schon aus dem Grunde nicht, weil nicht feststeht und nicht angenommen werden kann, daß die Mitglieder des Herrenhauses zur Zeit der Abstimmung am 20. Juni 1891 die Reden des anderen Hauses vom 15. Juni 1891 bereits gelesen hätten. Was aber den Beschluß des Abgeordnetenhauses angeht, so erhellt dessen völlige Bedeutungslosigkeit für das Herrenhaus schon aus dem Umstande, daß durch diesen Beschluß lediglich der Antrag v. Huenes auf Abänderung des Herrenhaus-Entwurfs beseitigt, und so der Gesetzentwurf in der Fassung belassen worden ist, in welcher ihn seiner Zeit das Herrenhaus selbst beschlossen hatte, nämlich ohne das Allegat § 11. Wir werden auf diesen Punkt unten näher zurückkommen. Zunächst bedarf es noch eines Eingehens auf den an erster Stelle geltend gemachten Entscheidungsgrund des Oberverwaltungsgerichts. Dasselbe sagt: „Die Vorschriften des § 12 und folgende lösen sich von den vorhergehenden materiellen und formellen Vorschriften über die Geltendmachung von Wildschaden-Ersatzansprüchen in einem richterlichen Verfahren los und enthalten Vorbeugungsmaßregeln polizeilichen Charakters." Hierzu ist zu bemerken: Daß die §§ 12 ff. prophylaktische Maßregeln enthalten und in sofern einen anderen Inhalt und Charakter haben, als die vorhergehenden Paragraphen des Gesetzes, ist nicht zu leugnen (vergl. auch oben S. 29 des Kommentars). Andererseits beginnt aber mit § 12 nicht etwa ein neues Gesetz, das eine besondere Interpretation für sich, losgelöst von den übrigen Bestimmungen des Wildschadengesetzes, zuließe, sondern es stehen die §§ 12 ff. wie äußerlich als Theile eines und desselben Gesetzes so auch ihrer Bedeutung nach mit den Bestimmungen über den Wildschadensersatz in einem gewissen Zusammenhange. Fraglich ist nur, wie eng ist dieser Zusammenhang oder um mit dem Oberverwaltungsgerichte zu reden, in welchem Grade sind diese Bestimmungen von den übrigen Vorschriften des Gesetzes losgelöst? Daß sie gänzlich losgelöst sind von dem sonstigen Inhalte des Wildschadengesetzes, so daß die im § 12 vorkommenden Ausdrücke und Begriffe für sich allein betrachtet und ohne jede Berücksichtigung der in der vorhergehenden Paragraphen enthaltenen Dispositionen verstanden werden müssen, das ist eben das thema probandum.

Das Oberverwaltungsgericht fährt dann fort: „Insbesondere soll nach § 12 die Aufsichtsbehörde, sofern während des Kalenderjahres wiederholt durch Roth- oder Damwild verursachter Wildschaden festgestellt worden, auf Antrag des Ersatzpflichtigen oder der Jagdberechtigten sowohl für den betroffenen, als auch für benachbarte Jagdbezirke die Schonzeit der schädigenden Wildgattung aufheben und die Jagdberechtigten zum Abschuß auffordern und anhalten.“ Nach dieser Wiedergabe des § 12 heißt es dann weiter: „Diese Vorbeugungsmaßregel wäre, wenn der Ansicht des Klägers gefolgt würde, auf Einzeljagdbezirke nicht anwendbar, da das Gesetz ein besonderes Verfahren für die Feststellung des Wildschadens in Einzeljagdbezirken, die nothwendige Voraussetzung der Vorbeugungsmaßregel, nicht kennt, und das in den §§ 6 ff. geregelte Vorverfahren nur für die

Feststellung des Wildschadens in gemeinschaftlichen Jagdbezirken gegeben ist, für die Feststellung des Wildschadens in Einzeljagdbezirken aber nicht paßt; diese Verschiedenheit für die der Wortlaut des § 12 keinen Anhalt giebt, wird vermieden, wenn der Ansicht des Beklagten gefolgt wird."

Demgegenüber ist zu bemerken: Nicht darauf dürfte es ankommen, ob der Wortlaut des § 12 für sich allein keinen Anhalt dafür gewährt, ob der Gesetzgeber hinsichtlich des Ortes der Feststellung von Wildschaden zwischen gemeinschaftlichen Jagdbezirken und Einzeljagdbezirken hat unterscheiden wollen oder nicht, sondern darauf, ob nach dem größeren oder geringeren Zusammenhange des § 12 mit den übrigen Bestimmungen des Gesetzes eine solche Unterscheidung geboten ist oder nicht. Und darüber hat diesseitigen Erachtens das mitgetheilte Urtheil eine genügende Auskunft nicht gegeben.

Hiernach muß abgewartet werden, ob das Oberverwaltungsgericht, wenn dasselbe wiederum mit der Auslegung des § 12 befaßt werden sollte, bei der bisherigen Ansicht verbleiben, und wie es dieselbe begründen wird. Vorläufig möchten wir an unserer entgegengesetzten Ansicht festhalten und zur Begründung derselben Folgendes anführen:

1. Der Zusammenhang des § 12 mit den vorhergehenden Paragraphen, und die daraus sich von selbst ergebende Auslegung desselben in dem diesseits angenommenen Sinne, ist bis zur Rede des Abg. Bohtz von keiner Seite bezweifelt worden. Alle bei der Gesetzgebung betheiligten Faktoren hatten bis dahin den § 12, welcher in dem hier interessirenden Theile dem § 14 des Entwurfs des Herrenhauses vom 12. Mai 1891 genau entspricht (das Allegat

§ 11 enthielt der Herrenhaus-Entwurf nicht), in dem gleichen Sinne aufgefaßt.

In dem Kommissionsbericht des Herrenhauses vom 27. April 1891 war zu dem § 14 cit. des Herrenhaus-Entwurfs ausdrücklich bemerkt worden, daß „wiederholt ersatzpflichtiger" Schaden festgestellt sein müsse, bevor die Erlaubniß zum Abschuß gegeben werden dürfe. (K. B. des Herrenhauses vom 27. April 1891 S. 7.) Da nun ersatzpflichtiger Schaden nur in gemeinschaftlichen Jagdbezirken (resp. auf Enklaven) vorkommen kann, so unterliegt es keinem Zweifel, daß die Kommission des Herrenhauses die Feststellung von Wildschäden auf die gemeinschaftlichen Jagdbezirke (resp. Enklaven) hat beschränkt wissen wollen. Allerdings fehlt das Wort „ersatzpflichtiger" im § 14 des Herrenhaus-Entwurfs (ebenso wie im § 12 des Gesetzes) und es ist deshalb nicht zulässig, jener Bemerkung der Herrenhaus-Kommission eine solche Bedeutung beizulegen, als ob das Wort „ersatzpflichtiger" im Entwurfe (resp. im Gesetze) selbst stünde. Hier ist der Vorgang in der Herrenhaus-Kommission nur um deswillen erwähnt worden, um daraus zu konstatiren, daß dieselbe und mit ihr das Herrenhaus bei der Redaktion des § 14 cit. die Absicht gehabt hat, zum Ausdruck zu bringen, daß Wildschadensfeststellungen lediglich auf gemeinschaftlichen Jagdbezirken vorzunehmen seien.

Welche Motive das Herrenhaus bei dieser Beschränkung der Wildschadensfeststellung geleitet haben mögen, berührt zwar den Gesetzes-Interpreten nicht weiter, dieselben dürften aber klar zu Tage liegen. Das Herrenhaus und vielleicht auch die Regierung wollten offenbar aus Rücksichten des öffentlichen Interesses eine weitere Abbröckelung des Wildschongesetzes vom 26. Februar 1870 thunlichst vermeiden. Die von anderer Seite verlangte Durchbrechung des Wildschongesetzes sollte nicht in größerem Maße eintreten, als es nach Lage der Situation geboten war. Deshalb sagte das Herrenhaus, „es muß ersatzpflichtiger Schaden festgestellt sein." Damit wurde dem Eigenjagdbesitzer die Möglichkeit abgeschnitten, in seinem Jagdrevier Wildschaden feststellen zu lassen und dadurch seinerseits die Berechtigung zum Abschuß während der Schonzeit zu verlangen. Das Herrenhaus hatte nur die Absicht, dem kleinen Manne, d. h. dem beschädigten Nutzungsberechtigten in einem gemeinschaftlichen Jagdbezirke zu helfen. Zum Schutze des Eigenjagdbesitzers, insbesondere des reichen Waldbesitzers, welcher der Regel nach durch stärkeren Abschuß im Laufe der Jagdzeit sich vor größerem Wildschaden während der Schonzeit selbst zu schützen vermag, waren die prophylaktischen Maßregeln des § 14 des Entwurfs nicht gegeben. Vom Standpunkte des Herrenhauses genügte es daher, wenn die Feststellung von Wildschäden in gemeinschaftlichen Jagdbezirken resp. Enklaven als die Vorbedingung der Vorbeugungsmaßregeln des § 14 des Entwurfs aufgestellt wurde.

War aber diese Vorbedingung erfüllt, dann wollte das Herrenhaus auch allen bei der Sache in irgend einer Weise interessirten Jagdberechtigten das Recht verschaffen, die Abschußbewilligung zu erlangen. Nicht bloß der zunächst betheiligte Ersatzpflichtige, sondern auch der Jagdberechtigte des gemeinschaftlichen Jagdbezirks und auch der Jagdberechtigte des angrenzenden Waldreviers, der seinerseits dabei interessirt ist, daß den Grundbesitzern und Jagdberechtigten des gemeinschaftlichen Jagdbezirks die Vortheile des Abschusses nicht allein zu Theil werden, sollte verlangen können, daß ihm der Abschuß während der Schonzeit gestattet werde.

In ähnlicher Weise, wie der Kommissionsbericht des Herrenhauses den § 14 des Entwurfs erläutert, haben auch die zunächst mit der Sache befaßten Kreise des Abgeordnetenhauses diesen Paragraphen aufgefaßt. Das ergiebt sich deutlich aus dem Antrage des Freiherrn von Huene und Genossen vom 10. Juni 1891 (Nr. 411 der Drucksachen), durch welchen der Zusammenhang des § 14 cit. mit dem nur auf die gemeinschaftlichen Jagdbezirke (resp. Enklaven) sich beziehende polizeiliche Vorverfahren in der Weise noch besonders erkennbar gemacht wurde, daß in den Entwurf des Herrenhauses hinter den Worten „festgestellt worden" der § 11 in Klammern hineingesetzt wurde. Dieses Allegat (§ 11) war allerdings in so fern unzutreffend, als § 11 (jetzt § 9), von dem Erlaß des Vorbescheides sprach, während § 14 cit. lediglich die Feststellung des Wildschadens durch die Ortspolizeibehörde im Auge hatte, die nicht nothwendiger Weise und unter allen Umständen durch einen Vorbescheid beurkundet zu werden braucht.

Richtiger hätte demnach der § 9 (jetzt § 7) allegirt werden sollen, wie der Abg. Bohtz im Eingange seiner oben erwähnten Rede selbst betonte. Aus diesem Grunde war denn auch die Streichung des inkorrekten Allegats (§ 11) geboten, während die anderweite Hineinfügung des § 9 (jetzt § 7) zum Verständniß des § 14 des Herrenhaus-Entwurfs keineswegs nothwendig war.

Aber auch die Königliche Staatsregierung konnte, ganz abgesehen von der vorerörterten Entstehungsgeschichte des § 14 des Herrenhaus-Entwurfs, schon nach allgemeinen Interpretationsgrundsätzen den gedachten Paragraphen nicht anders verstehen, als daß die dort vorgesehenen Wildschadensfeststellungen lediglich auf den gemeinschaftlichen Jagdbezirk, resp. die Enklaven, zu beziehen sind.

Es wird wohl als eine feststehende Interpretationsregel anzuerkennen sein, daß die einzelnen Paragraphen eines Gesetzes nicht aus dem Zusammenhange mit dem ganzen Gesetze herausgenommen und für sich allein interpretirt werden dürfen, sondern daß jeder Paragraph im Zusammenhange mit den übrigen Bestimmungen des Gesetzes aufgefaßt und ausgelegt werden muß. Bedient sich der Gesetzgeber an verschiedenen Stellen eines Gesetzes derselben Ausdrücke, so ist anzunehmen, daß er damit überall denselben Begriff hat bezeichnen wollen. Spricht der Entwurf des Wildschadengesetzes und nach ihm das Wildschadengesetz selbst in den §§ 1—11 nur von einer Feststellung des Wildschadens in gemeinschaftlichen Jagdbezirken, kennt dasselbe bis dahin eine Feststellung auf eigenem Jagdbezirke überhaupt nicht, und wird dann im § 12 fortgefahren: Ist während des Kalenderjahres wiederholt Wildschaden durch die Ortspolizeibehörde festgestellt worden . . ., so ergiebt die logische Interpretation, daß der § 12 lediglich die Feststellungen von Wildschäden im Auge hat, von denen in den vorhergehenden Paragraphen die Rede war, d. h. die Feststellungen in den gemeinschaftlichen Jagdbezirken.

Mit Recht ist deshalb in dem Kommissionsberichte B des Abgeordnetenhauses vom 30. Juni 1893 S. 7 bemerkt worden: „Es muß zugestanden werden, daß das Wildschadengesetz sich ursprünglich sowohl im allgemeinen, als auch insbesondere im § 12 lediglich mit gemeinschaftlichen Jagdbezirken befassen wollte.“ (Nr. 271 der Drucksachen.)

2. Aus Vorstehendem ergiebt sich, daß zu der Zeit, als der Entwurf des Herrenhauses vom 12. Mai 1891 dem

Abgeordnetenhause zur Berathung zuging, die Vorbeugungsmaßregeln des jetzigen § 12 des Gesetzes nicht so aufgefaßt worden sind und nicht so aufgefaßt werden sollten und konnten, als ob sie — wie das Oberverwaltungsgericht sagt — von den vorhergehenden Bestimmungen losgelöst wären.

Es möchte deshalb wohl richtiger gewesen sein, wenn das Oberverwaltungsgericht die Rede des Abg. Bohtz, sowie den Beschluß des Abgeordnetenhauses auf Streichung des von Huene'schen Allegats (§ 11) unter dem Gesichtspunkte geprüft hätte, ob daraus ein Moment zu entnehmen, den § 12 des Gesetzes in einer von der bisherigen Interpretation des § 14 des Herrenhaus-Entwurfs abweichenden Weise auszulegen.

Eine solche Prüfung würde zur Verneinung dieser Frage geführt haben. Denn, was zunächst den Beschluß des Abgeordnetenhauses auf Streichung des Allegats angeht, so ist derselbe nach dem Gesagten für die hier strittige Frage bedeutungslos. Einmal mußte der § 14 des Entwurfs schon vor der Hinzufügung des Allegats so verstanden werden und ist auch allerseits nur so aufgefaßt worden, daß die darin erwähnten „Feststellungen" sich nur auf die nach den vorhergehenden Paragraphen allein in Betracht kommenden gemeinschaftlichen Jagdbezirke (resp. Enklaven) beziehen sollten. Das Allegat war also insofern irrelevant. Außerdem war aber auch das Allegat, wie bereits erwähnt, ein irrthümliches, indem im § 14 cit. nicht von dem Erlaß eines Vorbescheides, sondern nur von der Feststellung des Wildschadens die Rede war. Die Streichung beseitigte also nur einen Irrthum.

Was aber die Frage angeht, welche Bedeutung der Begründung beizumessen ist, die der Abgeordnete Bohtz seinem

Antrage auf Streichung des Allegats (§ 11) gegeben hat, so steht keineswegs fest, daß die bei der Gesetzgebung betheiligten Faktoren dieser Begründung in allen Punkten beigetreten sind. Anlangend zunächst die Mitglieder des Abgeordnetenhauses, so hatten diejenigen Abgeordneten, welche mit Bohtz das Allegat (§ 11) für inkorrekt hielten, keine Veranlassung den Ausführungen des letzteren zu dem gedruckt vorliegenden Antrage eine besondere Aufmerksamkeit zuzuwenden. Sie waren sich auch ohne Anhörung der Bohtz'schen Rede darüber klar, daß die beantragte Streichung erfolgen mußte. Der Grund genügte ihnen.

Die Mitglieder des Herrenhauses, welche an der entscheidenden Sitzung vom 20. Juni 1891 Theil genommen haben, hatten, wie bereits oben bemerkt, bis zu dieser Zeit die Reden der Abgeordneten vom 15. Juni 1891 wohl kaum im Druck lesen können; keinesfalls ist anzunehmen, daß der größere Theil der Herrenhausmitglieder zur Zeit der Abstimmung über den Gesetz-Entwurf diese Reden thatsächlich gelesen hätte. Diejenigen Herrenhausmitglieder aber, welche etwa nur von dem Antrage Bohtz und dem darauf ergangenen Beschlusse des Abgeordnetenhauses Kenntniß erhalten hatten, standen lediglich vor der Frage, ob der § 14 des Herrenhaus-Entwurfs durch die vom Abgeordnetenhause vorgenommene Streichung des inkorrekten Allegats in dem Antrage v. Huene eine Aenderung erfahren habe? Diese Frage war aber nach dem oben Gesagten zu verneinen. Der Herrenhaus-Entwurf hatte durch die Streichung des Allegats nur die alte Fassung wiedererhalten. Aus diesem Grunde hatten aber auch selbst diejenigen Mitglieder des Herrenhauses, welche die Rede des Abg. Bohtz kannten, und die Begründung des Antrags desselben mißbilligten, keine Veranlassung zur Kundgebung eines Widerspruchs, da ja der Herrenhaus-Entwurf selbst an der kritischen Stelle nicht verändert war. Im Gegentheil; die Worte: „durch die Ortspolizeibehörde", welche das Abgeordnetenhaus in den § 14 des Herrenhaus-Entwurfs hineingesetzt hatte, waren an und für sich geeignet, den Zusammenhang des § 12 mit dem § 7 zu bestätigen.

Einzelne Mitglieder des Landtags mochten auch der Ansicht sein, daß, wenn der § 12 die Bedeutung haben sollte, welche der Abgeordnete Bohtz ihm geben wollte, es nahe gelegen hätte, ja nothwendig gewesen wäre, der Ortspolizeibehörde die Feststellung des Wildschadens auch hinsichtlich der selbstständigen Jagdbezirke ausdrücklich zur Pflicht zu machen, wie dies im § 7 bezüglich der Feststellungen in den gemeinschaftlichen Jagdbezirken geschehen, da es keineswegs zu den allgemeinen Obliegenheiten der Polizei gehöre, auf die Verhütung von Wildschäden hinzuwirken.

Diese und ähnliche Erwägungen werden vielleicht auch die Vertreter der Staatsregierung veranlaßt haben, von einer Bekämpfung der Bohtz'schen Ausführungen abzusehen. Möglicherweise hat hierzu aber auch die Besorgniß beigetragen, daß durch eine direkte Einmischung der Staatsregierung in die zahlreichen im Schooße des Abgeordnetenhauses, sowie zwischen den beiden Häusern des Landtags bestehenden Meinungsverschiedenheiten das Zustandekommen des allerseits gewünschten Wildschadengesetzes noch in letzter Stunde gefährdet werden könnte. Aus dieser praktischen Erwägung hat man es vielleicht für das geringere Uebel gehalten, die Lösung etwaiger Zweifel der Judikatur der zuständigen Gerichte zu überlassen.

Wie dem aber auch sein mag: Der Beweis, daß sämmtliche, bei der Gesetzgebung betheiligte Faktoren den Ausführungen des Abgeordneten Bohtz zugestimmt haben, ist nicht erbracht worden und läßt sich nicht erbringen. (Vergleiche auch die diesbezügliche Aeußerung des Kommissars des Herrn Justizministers zu § 19 des Gesetzes Seite 2839 der Drucksachen.) Es wird deshalb bei der oben erwähnten Interpretation des § 12 sein Bewenden zu behalten haben. Hieran wird auch durch den Umstand nichts geändert, daß zu den im § 12 erwähnten Jagdberechtigten nicht bloß der Jagdpächter des gemeinschaftlichen Jagdbezirks, sondern auch der Inhaber der Jagd in den benachbarten (selbstständigen oder gemeinschaftlichen) Jagdbezirken gehört (Vergleiche Note 4 zu § 12 des Gesetzes).

Es erübrigt noch, im Anschluß an die vorstehende Beleuchtung des Urtheils des Oberverwaltungsgerichts der neuesten Erörterungen über diesen Gegenstand in dem so eben erschienenen 6. Hefte des Verwaltungsarchivs (Bd. 1 S. 613) zu gedenken. Dort hat Herr Oberverwaltungsgerichtsrath Schultzenstein gelegentlich der Recension des Schwarz'schen Kommentars zum Wildschadengesetz und in Ergänzung der offenbar unzulänglichen Begründung des Urtheils des Oberverwaltungsgerichtes vom 6. März 1893 Folgendes angeführt:

Selbst wenn der § 12 trotz seiner in der Annahme des Bohtz'schen Antrages liegenden Ausdehnung über seine ursprüngliche, freilich beabsichtigte, beschränkte Tragweite hinaus mit Holtgreven nur von gemeinschaftlichen Jagdbezirken und Enklaven zu verstehen sein sollte, kommt man damit, daß bloß bei Feststellung durch einen Vorbescheid nach §§ 6 und 7 eine Feststellung im Sinne des § 12 vorhanden sei, nicht aus. Soll denn deshalb, weil die Frist des § 6 versäumt und damit ein Vorbescheid ausgeschlossen ist, auch die Wildschadenverhütung unmöglich werden, und zwar obwohl die Innehaltung der Frist von dem Ersatzberechtigten abhängt, der Anspruch auf Wildschadenverhütung aber dem Ersatzpflichtigen oder dem Jagdberechtigten zusteht, die gar nicht in der Lage sind, auf jenen einen Einfluß behufs rechtzeitiger Anmeldung seines Anspruchs auf Schadenersatz auszuüben. Es würde ferner bei einer gütlichen Einigung, die, abgesehen vom Falle der Kollusion den Wildschaden gewiß feststellt, keine für den § 12 genügende Feststellung vorhanden sein; denn hier giebt es, wie bemerkt, keinen Vorbescheid. Ja, selbst die im Verwaltungsstreitverfahren, nachdem die Ortspolizeibehörde keinen Wildschaden angenommen hatte, getroffene Feststellung von solchem wäre bedeutungslos, da auch diese Feststellung keine Feststellung nach §§ 6 ff. ist. Nimmt man aber an, daß der § 12 auch für Eigenjagdbezirke gilt, dann muß man für die in ihm gedachte Feststellung von den Formen der §§ 6 ff. bereits deshalb absehen, weil es bei den Eigenjagdbezirken keinen Wildschadensersatzanspruch und kein Verfahren nach §§ 6 ff. giebt, von einer analogen Anwendung des letzteren auf die Feststellungen des § 12 bei Eigenjagdbezirken aber wegen des Mangels jeder Analogie keine Rede sein kann, und weil, wenn bei Eigenjagdbezirken zur Anwendung des § 12 eine Feststellung ohne die Formen der §§ 6 ff. ausreicht, es völlig unbegreiflich wäre, weshalb diese Formen bei gemeinschaftlichen Jagdbezirken und Enklaven unentbehrlich sein sollten. Sind dieselben auch nur in einem einzigen Falle nicht nothwendig, dann darf man sie nirgends fordern. Hiernach ist jede mit sachlich ausreichender Gewißheit getroffene Feststellung für genügend zu erachten und ferner noch auf die Worte „durch die Ortspolizeibehörde“ kein übermäßiges Gewicht zu legen. Diese Worte sind in den § 12 hineingekommen, weil die Feststellung in der Regel durch die Ortspolizeibehörde zu treffen ist und man bloß an diesen Regelfall gedacht hat; sie schließen nicht die Gleichwerthigkeit einer durch das Gericht getroffenen Feststellung und ebensowenig aus, daß ohne eigene besondere Feststellung bereits auf Grund anderweit stattgefundener Ermittelungen und namentlich auch auf Grund einer in ihren thatsächlichen Unterlagen bedenkenfreien gütlichen Einigung das Vorhandensein von Wildschaden als feststehend angesehen wird, nur wenn der § 12 so, d. h. dahin verstanden wird, daß die Aufsichtsbehörde dem auf Wildschadenverhütung gerichteten Antrage stattzugeben hat, sobald nach pflichtenmäßiger Ueberzeugung der Ortspolizeibehörde, an deren Stelle insoweit, als überhaupt eine Aufsichtsbehörde ihre Ansicht an die Stelle derjenigen der untergeordneten Behörde setzen darf, die Ueberzeugung der Aufsichtsbehörde selbst treten kann, während des Kalenderjahres wiederholt durch Roth- oder Damwild Wildschaden verursacht worden ist, hat er einen sachgemäßen, praktisch brauchbaren Inhalt.

Hierzu ist Folgendes zu bemerken:

Die diesseitigen Erörterungen in der Note 3 zu § 12 cit. hatten lediglich den Zweck, darzuthun, daß sich die Feststellungen der Ortspolizeibehörde ausschließlich auf den gemeinschaftlichen Jagdbezirk und die Enklave, nicht aber, wie der Abg. Bohtz wollte, auf den selbständigen Jagdbezirk beziehen. Es handelte sich hauptsächlich darum, im Hinblick auf den historischen und logischen Zusammenhang des § 12 mit dem Feststellungsverfahren der §§ 6—9 die vollständige Bedeutungslosigkeit der Bohtz'schen Rede für die Auslegung des § 12 klar zustellen. Die Frage, ob die Feststellung nothwendiger Weise durch einen Vorbescheid erfolgen müsse, oder ob sie z. B. im Falle eines Vergleichs zwischen den Parteien auch ohne Erlaß eines Vorbescheides durch die, dem Vergleiche vorausgegangenen Verhandlungen erfolgen könne, stand dort nicht zur Diskussion.

Dies vorausgeschickt, kann es nicht zweifelhaft sein, daß, wenn die Anmeldungsfrist des § 6 versäumt ist, eine Feststellung des Wildschadens durch die Ortspolizeibehörde nicht erfolgt, da nach dem klaren Wortlaute des § 7 des Gesetzes die rechtzeitige Schadensanmeldung die Voraussetzung für die fernere Thätigkeit der Ortspolizeibehörde, insbesondere auch für die Wildschadensfeststellung bildet. In diesem Falle fehlt es also in gleicher Weise an eine Verpflichtung zum Wildschadensersatz wie auch an dem Eintritt der im § 12 vorgesehenen Vorbeugungsmaßregeln. Die Ausstellungen, welche Herr Schultzenstein gegen diese Consequenz erhebt, würden nur dann berechtigt sein, wenn feststünde, daß § 12 cit. sich von dem obigen Inhalte des Gesetzes vollständig loslöste, wenn angenommen werden müßte, daß er unabhängig von den vorhergehenden Bestimmungen den Zweck verfolgte, ganz allgemein Wildschaden zu verhüten. Diesen Beweis hat aber weder Herr Schultzenstein, noch wie früher gezeigt, das Oberverwaltungsgericht erbracht. Wir haben das Gegentheil oben dargethan, es möchte genügen, auf das Gesagte Bezug zu nehmen. Uebrigens kann es nicht zweifelhaft sein, daß, wenn der Gesetzgeber in der That die Feststellungen des § 12 auf die selbständigen Jagdbezirke hätte bezogen wissen wollen, es das öffentliche Interesse — die Rücksicht auf die gesetzlich gewährleistete Schonzeit — erfordert haben würde, auch hier eine Präklusivfrist für die Schadensanmeldung festzusetzen, wie dies im § 7 für den Fall der Geltendmachung eines Ersatzanspruchs geschehen ist. Die Ratio des Gesetzes, nämlich eine thunlichste Gewähr für die sichere Erkennbarkeit des Wildschadens, ist doch in beiden Fällen dieselbe.

Stehen aber in der That die Verbeugungsmaßregeln des § 12 im engsten Zusammenhange mit dem in den §§ 6—9 geregelten, sich nur auf den gemeinschaftlichen Jagdbezirk und die Enklave beziehenden Feststellungsverfahren, so hat es nichts befremdendes, wenn der Gesetzgeber den Abschuß von Wild während der Schonzeit in dem Falle versagt, wenn der kleine Mann, in dessen Interesse das Wildschadengesetz in erster Linie erlassen ist, keine Veranlassung nimmt, mit Wildschadensersatzforderungen hervorzutreten. Unterläßt er die rechtzeitige Schadensanmeldung, so giebt es im Sinne des Gesetzes auch keinen Ersatzpflichtigen, der den Antrag auf Abschußbewilligung stellen könnte.

Wenn weiter geltend gemacht wird, daß die im Verwaltungsstreitverfahren — entgegen der Annahme der Ortspolizeibehörde — erfolgte Wildschadensfeststellung bedeutungslos sein würde, da sie keine Feststellung nach §§ 6 folgende sei, so ist hierbei übersehen, daß, wenn das Gesetz selbst im § 10 dem Kreisausschuß die Nachprüfung des polizeilichen Vorverfahrens und die Korrektur des dortigen Feststellungsverfahrens überweist, das Ergebniß einer solchen Nachprüfung an rechtlicher Wirksamkeit und Bedeutung nicht hinter der polizeilichen Feststellung zurückstehen kann.

Die Annahme endlich, daß die Worte „durch die Ortspolizeibehörde" in den § 12 des Gesetzes hineingekommen seien, weil die Feststellung in der Regel durch die Ortspolizeibehörde zu treffen sei, entbehrt der thatsächlichen Begründung und auch wohl der sonst gewohnten Schärfe.

II. In dem Aufsatze „Das preußische Wildschadengesetz vom 11. Juli 1891" (Jahrbuch für Nationalökonomie und Statistik 3. Folge 3. Band) erörtert Professor von Brünneck die Frage, welchen Einfluß das vorliegende Gesetz auf die Regelung des Wildschadenersatzes **durch Vertrag** habe. Unter Hinweis auf § 19 Abh. II. des Gesetzes, „wonach Wildenschadenersatz nur auf Grund und nach Maßgabe dieses Gesetzes gefordert werden kann," bemerkt er S. 570:

„Wir haben zunächst festzustellen, daß ein Anspruch, welcher unmittelbar auf den Ersatz des Wildschadens selbst gerichtet wäre, sich heute vertragsmäßig nicht mehr begründen läßt. Als ersatzpflichtig sind nämlich in § 2 des Gesetzes in gemeinschaftlichen Jagdbezirken allein die zur Jagdgenossenschaft vereinigten Grundbesitzer anerkannt. Sie haben den entstandenen Wildschaden nach Verhältniß der Größe ihrer betheiligten Grundstücke zu ersetzen. Dahingegen gelten die Jagdpächter nicht mehr als ersatzpflichtig. Zwar kann die Gemeindebehörde, wenn sie die Jagd im gemeinsamen Bezirk für Rechnung der Jagdgenossenschaft verpachtet, die vollständige Wiedererstattung der von den betheiligten Grundbesitzern zu zahlenden Wildschadensbeträge im Jagdpachtvertrage ausbedingen. Nicht aber ist es mehr zulässig, die Jagdpächter zum Ersatz des Wildschadens selbst vertragsmäßig zu verpflichten. Die Ersatzpflicht beruht fortan, wenn wir von einem einzelnen besonderen Falle hier vorläufig absehen, lediglich und allein im Gesetz. Die Verpachtung der Jagd ist bloß noch insofern von Bedeutung für die Ersatzpflicht, als diese bei Enklaven nur dann Platz greifen soll, wenn der Eigenthümer des umschließenden Waldes beziehungsweise der Inhaber des umschließenden Jagdbezirks die Jagd auf den eingeschlossenen Grundstücken angepachtet, oder die ihm angebotene Anpachtung abgelehnt hat (§ 3)."

Es muß zugegeben werden, daß die Fassung des § 19 keine glückliche ist, und daß sie auf den ersten Blick die Annahme zu rechtfertigen scheint, als ob, von der Bestimmung des § 2 abgesehen, die Begründung der Wildschadensersatzpflicht durch Vertrag habe ausgeschlossen werden sollen. Indessen bei näherer Betrachtung der Sache erscheint die v. Brünneck'sche Ansicht nicht zutreffend.

1. Nach Inhalt der Parlamentsverhandlungen kann es nicht zweifelhaft sein, daß sämmtliche, bei der Gesetzgebung betheiligten Faktoren von der Absicht geleitet worden sind, die Lage desjenigen, der Wildschaden zu erleiden hat, *nicht* ungünstiger zu gestalten, als sie bisher gewesen ist, sondern dieselbe zu verbessern. Nun war aber schon nach dem Jagdpolizeigesetze vom 7. März 1850 den Jagdverpächtern das Recht unbenommen geblieben, hinsichtlich des Wildschadens in den Jagdpachtkontrakten vorsorgliche Bestimmungen zu treffen. Versagt war nur der *gesetzliche* Anspruch auf Ersatz des Wildschadens. Es ist deshalb schon an und für sich nicht wahrscheinlich, daß das gegenwärtige Wildschadengesetz, welches den bisher ausgeschlossenen gesetzlichen Anspruch auf Wildschadensersatz einführen wollte, gleichzeitig den schon vorher gewährten kontraktlichen Anspruch hätte ausschließen wollen.

Ein solches Mißwollen paßt nicht zu der wohlwollenden Tendenz des Wildschadengesetzes.

2. Nach allgemeinen Interpretationsregeln muß angenommen werden, daß, wenn der Gesetzgeber einen solchen exorbitanten Eingriff in das sonst gewährleistete freie Vertragsrecht hätte machen wollen, dies mit *ausdrücklichen Worten* geschehen wäre.

3. Die Fassung des gedachten § 2 ist aber umgekehrt eine derartige, daß dabei das freie Vertragsrecht der Betheiligten vom Gesetzgeber selbst als fortbestehend vorausgesetzt wird.

4. Hätte der Gesetzgeber die kontraktliche Vereinbarung zwischen Jagdverpächter und Jagdpächter über den Wildschadensersatz ausschließen wollen, so hätte er sich noth-

wendiger Weise über die Frage wegen der ferneren Giltigkeit bereits bestehender Jagdpachtverträge, bei denen die Voraussetzungen des § 18 nicht vorliegen, aussprechen und in dieser Hinsicht Uebergangsbestimmungen treffen müssen.

5. Endlich spricht auch für die vorstehende Auffassung die Entstehungsgeschichte des § 19 (oben S. 18), sowie der Inhalt derjenigen Erörterungen, welche aus Anlaß der Frage stattgefunden haben, ob die Wildschadensstreitigkeiten zwischen Jagdpächter und Jagdverpächter den Verwaltungsgerichten zu überweisen, oder den ordentlichen Gerichten zu belassen sein. Vergl. namentlich die Erklärung des Kommissars des Herrn Justizministers S. 2812 des Sten. Berichts.

III. Eine weitere Meinungsverschiedenheit betrifft den § 14 Abs. 1 des Wildschadengesetzes. Derselbe lautet: „Schwarzwild darf nur in solchen Einfriedigungen gehegt werden, aus denen es nicht ausbrechen kann. Der Jagdberechtigte, aus dessen Gehege Schwarzwild austritt, haftet für den durch das ausgetretene Schwarzwild verursachten Schaden."

Diesseits ist angenommen, daß die Geltendmachung des Schadenersatzes aus § 14 cit. nicht in den Formen der §§ 6—9 des Gesetzes zu erfolgen habe, sondern daß hier ein gewöhnlicher civilrechtlicher Anspruch vorliegt, welcher zur Zuständigkeit der ordentlichen Gerichte gehört. (Vgl. oben S. 35 und Note 2 zu § 14 des Kommentars. Die gleiche Ansicht vertritt auch der mit großer Sorgfalt und Sachkunde bearbeitete Kommentar des Amtsrichters Berger, Note 3 zu § 14 des Gesetzes Seite 113. Vgl. auch die Ausführungen Schultzenstein's im Verwaltungsarchiv Bd. 1. Heft 3, S. 361 und Heft 6, S. 612.

Anderer Meinung ist Amtsgerichtsrath W. Schwarze, welcher auf Seite 15 seines Kommentares Folgendes anführt:

„Fraglich erscheint es, ob derjenige, welcher aus § 14 des Gesetzes Wildschaden fordern will, diesen bei dem Gerichte oder bei der Ortspolizeibehörde geltend zu machen habe. Holtgreven ist der Ansicht, daß die Gerichte zuständig seien. Die Ansicht dürfte aber nicht richtig sein. Schon § 1 des Gesetzes bestimmt, daß der durch Schwarzwild an und auf Grundstücken angerichtete Schaden „nach Maßgabe“ der folgenden Bestimmungen zu ersetzen ist. Die §§ 6 bis 11 des Gesetzes regeln nun das Verfahren. Nun heißt es allerdings in § 6 des Gesetzes: „Der Beschädigte, welcher auf Grund der §§ 1 bis 3 Ersatz des Wildschadens fordern will, hat diesen Anspruch u. s. w.“, danach könnte es scheinen, als ob bezüglich des Schadens aus § 14 das Verfahren der §§ 6 bis 11 nicht maßgebend sein sollte. Erwägt man aber, daß, als über den § 6 des Gesetzes abgestimmt wurde, ein Ersatzanspruch aus § 14 des Gesetzes überhaupt nicht vorlag, da die Herrenhausvorlage diesen Anspruch nicht kannte, vielmehr derselbe erst auf Antrag des Abgeordneten Rintelen in das Gesetz bei der Berathung des § 14 eingefügt ist, so erscheint die Annahme gerechtfertigt, daß bei der bekannten Eile, das Gesetz in zwölfter Stunde zu Stande zu bringen, es übersehen ist, die in Folge der Annahme der Rintelen'schen Korrektur zu dem § 14 nothwendig gewordene Aenderung des § 6 nachzuholen. Erwägt man, daß weiter bereits in der Sitzung vom 16. Juni 1891 der Abgeordnete Rintelen die obige Konsequenz aus dem § 1 des Gesetzes zog, indem er sagte: „„Im § 1 heißt es wörtlich: „Schaden, welcher u. s. w. ist dem Nutzungsberechtigten nach Maßgabe der folgenden Bestimmungen zu ersetzen,“ danach charakterisirt sich eben dieses Gesetz als eine lex specialis, und es ist meiner Ansicht nach vollständig ausgeschlossen, daß bei Wildschaden auf andere Gesetze zurückgegriffen werden kann;““ daß diese Auffassung ohne Widerspruch geblieben ist, und daß auf Antrag des Abgeordneten von Jagow, um, wie er sagt, zu präzisiren, was hier als Ansicht des Hauses ausgesprochen sei, im § 19 Abs. 2 ausdrücklich angeordnet ist: „Wildschadenersatz kann nur auf Grund und nach Maßgabe“ dieses Gesetzes gefordert werden, so erscheint die Absicht des Gesetzgebers, das gerichtliche Verfahren auch für den Wildschadenersatz aus § 14 des Gesetzes auszuschließen, zweifellos. Auch hätte eine der Ansicht von Holtgreven entsprechende gesetzgeberische Absicht in den § 14 eingefügt werden müssen, oder es hätte doch wenigstens, da die Ausschließung des gerichtlichen Verfahrens so erhebliche Debatten abgesetzt hat, in diesen erwähnt werden müssen, daß bei § 14 das gewöhnliche gerichtliche Verfahren zuzulassen sein solle. Alles dieses ist nicht geschehen. Hiernach ist anzunehmen, daß die Bestimmungen der §§ 6 bis 11 auch auf Wildschadenersatz aus § 14 des Gesetzes anzuwenden sind, mithin auch dieser Schaden innerhalb drei Tagen nach Kenntnißnahme bei der Ortspolizeibehörde anzumelden ist.“

Diese Auslegung muß als unzutreffend bezeichnet werden.

1. Wenn die Gesetzes-Interpretation erst dahingelangt, in den klaren Wortlaut eines Gesetzes etwas hineinzusetzen, was nicht darin steht, unter dem Vorwande, daß der Gesetzgeber die Beifügung des Zusatzes in der Eile vergessen habe, so ist es um die Rechtssicherheit sehr schlecht bestellt. Der klare Wortlaut des § 6 des Gesetzes sagt: Der Beschädigte, welcher auf Grund der §§ 1 bis 3 Ersatz für Wildschaden fordern will, hat u. s. w. Eine ähnliche Vorschrift fehlt in § 14 cit. und deshalb können die Formenvorschriften, welche im § 6 für einen ganz anderen Fall gegeben sind, nicht auch auf die Entschädigung aus § 14 Anwendung finden.

2. Der dem Abgeordnetenhause bezw. dem Antragsteller Rintelen gemachte Vorwurf der Uebereilung ist aber auch durchaus unbegründet. Rintelen, welcher von allen Abgeordneten am meisten gegen die Ueberweisung der Wild-

schadensersatzstreitigkeiten an die Verwaltungsgerichte gekämpft hat, hat nicht aus Vergeßlichkeit, sondern bewußter Maßen den aus der Culpa des Schwarzwild-Hegers erwachsenden Ersatzanspruch in einer von den Formvorschriften der §§ 6—9 unabhängigen Weise regeln, und damit die Entscheidung über diesen rein civilrechtlichen Anspruch den ordentlichen Gerichten belassen wollen, vor welche er seiner Natur nach auch allein gehört.

3. Daß auch der § 14 in seiner hier unterstellten Bedeutung eine Maßgabe des Gesetzes im Sinne des § 19 Abs. II ist, kann einem Bedenken nicht unterliegen.

IV. Im § 2 Abs. II des Gesetzes ist bestimmt worden, daß, wenn bei Verpachtung der Jagd in gemeinschaftlichen Jagdbezirken die Gemeindebehörde die vollständige Wiedererstattung der zu zahlenden Wildschadensbeträge durch den Jagdpächter nicht ausbedungen hat, solche Jagdpachtverträge nach ortsüblicher Bekanntmachung eine Woche öffentlich ausgelegt werden müssen. Sodann heißt es wörtlich weiter: „Sie (die Jagdpachtverträge) bedürfen zu ihrer Gültigkeit der Genehmigung des Kreisausschusses, in Stadtkreisen des Stadtausschusses, wenn Seitens auch nur eines Nutzungsberechtigten innerhalb zwei Wochen nach dieser Auslegung Widerspruch erhoben wird.“ Hierzu bemerkt Berger a. a. O. S. 36:

„Das Gesetz und seine Entstehungsgeschichte geben keinen Aufschluß, in welchen Fällen diese Genehmigung zu versagen ist. Nach der Begründung, welche Rintelen seinem Antrage, Nr. 419 II, dem jetzigen Absatz 2, gegeben hat, soll beim Vorhandensein eines Jagdpächters dieser zunächst derjenige sein, der allen Wildschaden zu zahlen hat. Nur beim Nichtvorhandensein eines Pächters tritt die Gesammtheit der Besitzer ein. Nach dieser Tendenz des Gesetzgeber muß die Genehmigung versagt werden, wenn der widersprechende Nutzungsberechtigte behauptet und dies durch stattfindende Ermittelungen sich erweist, daß in dem fraglichen Jagdbezirk stetiger oder auch nur vorübergehender Wildschaden vorkommt. Denn würde in solchem Falle die Genehmigung ertheilt werden, so würden an Stelle des vom Gesetz gewollten Pächters die Besitzer eintreten müssen, — was nicht sein soll."

Dieser Ansicht kann nicht beigetreten werden. Sie findet im Gesetze selbst keine Stütze, und die Auslassungen des Abg. Rintelen vermögen nicht sie zu begründen. (Vgl. übrigens auch die weitergehende Aeußerung des Abg. v. Huene S. 2839 der Drucksachen.) Das Gesetz verlangt nichts weiter, als daß die Jagdpachtvertäge, in denen die vollständige Wiedererstattung der zu zahlenden Wildschadensbeträge durch den Jagdpächter nicht ausbedungen ist, einer sorgfältigen Prüfung durch eine andere geeignete Behörde, nämlich den Kreis- resp. Stadtausschuß, unterzogen werden sollen, sobald einer der Interessenten dem Vertragsabschlusse innerhalb der festgesetzten Frist widerspricht. Findet der Kreis- resp. Stadtausschuß bei Prüfung der Sache, daß die Bestätigung des Jagdpachtvertrages für die betheiligten Grundbesitzer vortheilhafter ist, als die Nichtbestätigung, so genehmigt er den Jagdpachtvertrag trotz des Einspruches eines oder mehrerer Interessenten. Vgl. das Nähere hierüber in Note 5 zum § 2 des Gesetzes.

V. Nach Schwarze sollen auf das polizeiliche Vorverfahren die Bestimmungen über das Verwaltungsstreitverfahren Anwendung finden; von Bauer (Kommentar zum Wildschadengesetz) werden vielfach die Vorschriften der Reichscivilprozeßordnung für anwendbar erachtet. Insbesondere soll gegen die Versäumung der in § 6 des Gesetzes vorgeschriebenen Anmeldung des Ersatzanspruches die Wiedereinsetzung in den vorigen Stand gemäß § 112 des Gesetzes vom 30. Juli 1883 resp. § 211 der Civilprozeßordnung statthaft sein.

Schwarze führt in dieser Beziehung folgendes an:

Zweifelhaft erscheint es, ob Wiedereinsetzung in den vorigen Stand zulässig ist. Holtgreven verneint es, aber wohl mit Unrecht. Das Verfahren vor der Ortspolizeibehörde ist doch **zweifellos** ein Verwaltungsstreitverfahren, mithin müssen die allgemeinen Grundsätze dieses Verfahrens, soweit das Gesetz nicht eine anderweite Regelung vorschreibt, konform zur Anwendung gebracht werden, namentlich da das Gesetz in den §§ 6 bis 11 nur den Rahmen des Verfahrens und nicht spezielle Vorschrift giebt. Es muß deshalb auch nach § 112 des Gesetzes vom 30. Juli 1883 über die allgemeine Landesverwaltung für den Beschädigten die Wiedereinsetzung in den vorigen Stand zugelassen werden und dieses um so mehr, als die Anmeldungsfrist eine so sehr kurze ist. Die Anmeldung des Anspruchs ist der Einlegung der Klage gleichzuachten und muß demnach namentlich noch mit Rücksicht auf die generelle Klausel des § 112 cit. die Wiedereinsetzung in den vorigen Stand zugelassen werden, da eben diese Klausel speziell durch das Gesetz hätte beseitigt werden müssen, wenn die Wiedereinsetzung in den vorigen Stand ausgeschlossen sein sollte."

Demgegenüber ist zu bemerken: Das Verfahren vor der Ortspolizeibehörde ist kein Verwaltungsstreitverfahren, sondern es ist ein durch das Wildschadengesetz ad hoc eingeführtes besonderes Verfahren, welches dem *Verwaltungsstreitverfahren vorauszugehen* hat. (§ 10 des Ges.) Das letztere ist durch die bestehende Gesetzgebung, vor allem durch die §§ 63 und folgende des Gesetzes über die allgemeine Landesverwaltung vom 30. Juli 1883, in allen seinen Einzelheiten genau geregelt. Nach diesen Bestimmungen gehört das polizeiliche Ermittelungsverfahren nicht zum Verwaltungsstreitverfahren. Die Einführung desselben in das Wildschadengesetz war auch bereits in Aussicht genommen, noch ehe man daran dachte, die definitive Erledigung des Rechtsstreites im Verwaltungsstreitverfahren erfolgen zu lassen. Es wäre freilich erwünscht gewesen, wenn dieses Vorverfahren, welches die Gesetzgebung übrigens auch noch in anderen Fällen als Vorbedingung für die gerichtliche oder verwaltungsgerichtliche Geltendmachung eines Anspruches kennt, in allen seinen Einzelheiten eine sorgfältige Regelung erfahren hätte. Aus dem Umstande aber, daß dies nicht geschehen, folgt nicht die Berechtigung, ohne weiteres die für ein ganz anderes Prozeßverfahren gegebenen Bestimmungen auf das polizeiliche Ermittelungsverfahren anzuwenden. Insbesondere muß aber die Anwendbarkeit derjenigen Bestimmungen des Gesetzes vom 30. Juli 1883 für ausgeschlossen erachtet werden, die sich gewissermaßen als besondere, nur für ganz bestimmte Fälle gegebene Vorschriften charakterisiren. Dahin gehört namentlich die Bestimmung des § 112 des Ges. vom 30. Juli 1883 über die Wiedereinsetzung in den vorigen Stand. Die Anmeldung des Ersatzanspruches gemäß § 6 des Wildschadengesetzes ist keine Klage im Sinne des § 112 cit.; nach dem klaren Wortlaute des § 10 des Wildschadengesetzes kann vielmehr diese Klage erst erhoben werden, wenn das Vorverfahren beendigt ist. — Was hier von der Nichtanwendbarkeit der Bestimmungen des Verwaltungsstreitverfahrens gesagt ist, gilt in noch höherem Maße von den Vorschriften der Reichscivilprozeßordnung.

III.

Kommentar zum Wildschadengesetz.

Wir **Wilhelm**, von Gottes Gnaden König von Preußen rc. verordnen, unter Zustimmung beider Häuser des Landtages, für den Umfang Unserer Monarchie, mit Ausschluß der Provinz Hannover und des vormaligen Kurfürstenthums Hessen,*) was folgt:

*) Ueber den Geltungsbereich des Gesetzes ist im § 5 der Einleitung das Nähere gesagt worden. Das Gesetz umfaßt das ganze Gebiet der preußischen Monarchie mit Ausnahme der Provinz Hannover (einschließlich des Jagdgebiets) und der Provinz Hessen-Nassau, soweit dieselbe mit dem vormaligen Kurfürstenthum Hessen identisch ist. Das Gesetz gilt demnach auch in einem Theile des Regierungsbezirks Kassel, nämlich in den nach dem Jahre 1866 demselben zugetheilten vormals Bayerischen, und vormals Großherzoglich Hessischen Gebietstheilen. Dagegen gilt das Gesetz nicht in demjenigen Theile des Regierungsbezirkes Wiesbaden, welcher früher zum R.-B. Kassel gehörte und durch die Kreisordnung f. d. P. Hessen-Nassau vom 7. Juni 1885 dem R.-B. Wiesbaden zugetheilt worden ist.

Wegen der für Hannover und (Kur-)Hessen geltenden Vorschriften über den Wildschaden ist auf das im § 5 der Einleitung S. 28 Note 2 Gesagte zu verweisen.

§ 1.

Der durch Schwarz-, Roth-, Elch- und Damwild sowie Rehwild und Fasanen[1]) auf und an Grundstücken[2]) angerichtete Schaden[3]) ist dem Nutzungsberechtigten nach[4]) Maßgabe der folgenden Bestimmungen[5]) zu ersetzen.

1) Nur der durch die **aufgeführten Wildarten** angerichtete Schaden wird ersetzt. Ausgeschlossen ist demnach nach wie vor der Ersatz des Kleinwildschadens.

2) „**auf und an Grundstücken.**" Das Gesetz unterscheidet nicht zwischen landwirthschaftlich benutzten Grundstücken und Forstgrundstücken, der Wildschadensersatz bezieht sich vielmehr sowohl auf das Feld, wie auf den Wald, auf die Saat, wie auf die Frucht; auch für die bloße Beschädigung des Grundstücks, z. B. durch Aufwühlen des Bodens muß Entschädigung geleistet werden.

3) Es handelt sich hier nur um den Ersatz des positiven Schadens, d. h. um die Erstattung des wirklichen Schadens und entgangenen Gewinnes nach dem gemeinen mittleren Werthe. Vgl. über den Umfang der Entschädigung bei der sog. einfachen Entschädigungsforderung Förster-Eccius (5. Auflage) § 90 S. 547. Bezüglich der Feststellung des Schadensumfanges ist in den Fällen der §§ 5 u. 8 nicht die Zeit der Schadenszufügung, sondern der Schaden zur Zeit der Ernte maßgebend. Nach Bauer (Kommentar zum Wildschadengesetze Neudamm 1892, S. 29) sollen Wildschäden bis zu 10 Pf. nicht vergütigungsfähig sein. Diese Ansicht findet indessen im Gesetze selbst keine Stütze. Der Herr Minister für Landwirthschaft erklärte zwar in der Sitzung des Herrenhauses vom 20. Juni 1891 Drucks. S. 450: „Taxen von einem oder zehn Pfennigen sind nicht zu machen." Hiermit wollte der Herr Minister offenbar nichts weiter sagen, als daß wegen eines so geringfügigen Schadens wohl Niemand die Ortspolizeibehörde angehen werde.

4) „**dem Nutzungsberechtigten.**" Das Gesetz erklärt denjenigen für berechtigt, Wildschadensersatz zu fordern, dessen Nutzung durch den Schaden beeinträchtigt wird. Dahin gehört zunächst der Eigenthümer; es kann aber auch statt desselben (resp. unter Um-

ständen neben demselben) einem anderen das Nutzungsrecht an den Grundstücken zustehen, z. B. dem Nießbraucher, dem Pächter, dem antichretischen Pfandgläubiger; es kann ein besonderes Nutzungsrecht neben den Nutzungsrechte des Eigenthümers konstituirt sein, z. B. ein Weiderecht. Es können auch mehrere zur gemeinschaftlichen Nutzung Berechtigte vorhanden sein, z. B. Miteigenthümer, Miterben.

Wegen der in einem solchen Falle zu bewirkenden Anmeldung des Ersatzanspruchs vgl. unten Note 1 zu § 6 des Gesetzes.

5) „**Nach Maßgabe der folgenden Bestimmungen.**" Diese Worte finden ihre Ergänzung in § 19 Absatz II des Gesetzes: „Wildschadensersatz kann nur auf Grund und nach Maßgabe dieses Gesetzes gefordert werden." Aus dieser Vorschrift folgt, daß es, wie oben S. 25 u. folgende des näheren ausgeführt ist, keinen **gesetzlichen** Anspruch auf Ersatz von Wildschaden giebt, welcher nicht materiell auf das gegenwärtige Gesetz gestützt und, abgesehen von dem Falle des § 14, formell nach Maßgabe desselben geltend zu machen wäre. Dagegen beziehen sich die Bestimmungen des Wildschadengesetzes aber auch nur auf „den gesetzlichen" Anspruch wegen Wildschadens, nicht auf den kontraktlichen. Vgl. hierüber die Ausführungen oben S. 27 u. 66.

§ 2.*)

Ersatzpflichtig sind in einem gemeinschaftlichen Jagdbezirke[1]) die Grundbesitzer[2]) des Jagdbezirks nach Verhältniß der Größe der betheiligten Fläche.[3]) Dieselben werden durch die Gemeindebehörde vertreten.[4])

Hat bei Verpachtung der Jagd in gemeinschaftlichen Jagdbezirken die Gemeindebehörde die vollständige Wiedererstattung der zu zahlenden Wildschadensbeträge durch den Jagdpächter nicht ausbedungen, so müssen solche Jagdpachtverträge nach ortsüblicher Bekanntmachung eine Woche öffentlich ausgelegt werden. Sie bedürfen zu ihrer Gültigkeit der Genehmigung des Kreisausschusses, in Stadtkreisen des Stadtausschusses, wenn seitens auch nur eines Nutzungsberechtigten innerhalb zwei Wochen nach dieser Auslegung Widerspruch erhoben wird.[5])

*) Vgl. zu § 2 die Vorbemerkungen im § 3 der Einleitung S. 25 folgende.

Die §§ 2 und 3 bestimmen zunächst das örtliche Gebiet, für welches der Wildschadensersatzanspruch gesetzlich geregelt ist: Der gemeinschaftliche Jagdbezirk und die Waldenklave. Das Gesetz findet, — von den später zu erörternden §§ 12 und folgende abgesehen, — keine Anwendung auf den, dem § 2 des Jagdpolizeigesetzes vom 7. März 1850 entsprechenden selbständigen Jagdbezirk.

1) Die Voraussetzungen des **gemeinschaftlichen Jagdbezirks** sind im § 4 des Jagdpolizeigesetzes vom 7. März 1850 des näheren angegeben. Ueber die rechtliche Natur desselben vgl. Entsch. des Obertribunals vom 28. März 1876, Bd. 77 S. 129 ff., ferner vom 10. Juli 1877, Bd. 80 S. 245 ff. Nach § 4 Abs. II cit. ist es dem Besitzer eines zur selbständigen Ausübung des Jagdrechts berechtigten Grundstücks gestattet, sich mit diesem Grundstücke dem Jagdbezirk der Gemeinde anzuschließen und dadurch sich den Vortheil, aber auch den Nachtheil des § 2 des Wildschadengesetzes zu verschaffen. Vgl. hierüber, sowie überhaupt zu § 4 des Jagdpolizeigesetzes vom 7. März 1850 Kohli die Preußischen Jagdgesetze, Berlin 1891, 2. Auflage S. 40.

Selbständige Gutsbezirke stehen bezüglich der Bildung der Jagdbezirke den Gemeindebezirken gleich. (Entsch. des Oberverwaltungsgerichts vom 19. April 1888, Bd. 16 S. 344.) Vgl. hierzu die Ausführungen Bergers im Verwaltungsarchiv, Bd. 1 S. 108 folgende.

2) Die Grundbesitzer, d. h. nicht die Nutzungsberechtigten, sondern die Eigenthümer der Grundstücke.

3) Nach § 11 des Jagdpolizeigesetzes vom 7. März 1850 nehmen in einem gemeinschaftlichen Jagdbezirke die Besitzer der einzelnen Grundstücke an den Einkünften der Jagd nach dem

Verhältniß des Flächeninhalts ihrer Grundstücke Theil. Es erscheint daher gerechtfertigt, wenn im § 2 des gegenwärtigen Gesetzes bestimmt wird, daß nach demselben Verhältnisse die Grundbesitzer eines gemeinschaftlichen Jagdbezirks auch für die Wildschäden aufzukommen haben. Für die Praxis ergiebt sich daraus das Folgende: Sind die zur Gemeindekasse vereinnahmten Jagdintraden (rechnungsmäßig) noch in solcher Höhe in derselben vorhanden, daß aus ihnen die Deckung des angemeldeten und als ersatzpflichtig festgestellten Wildschadens erfolgen kann, so erfolgt die Auszahlung des Ersatzbetrages ohne weiteres aus der Gemeindekasse.

Kann aber auf diese Weise die Entschädigungsleistung nicht bewirkt werden, so ist eine Repartition des Schadens auf die betheiligten Grundbesitzer im Wege der Umlage erforderlich. Zu diesem Ende kommt zunächst in Betracht: Wie groß ist die Gesammtfläche des Jagdbezirks, wie groß ist das Grundstück (resp. die Grundstücke) des einzelnen betheiligten Grundbesitzers und in welchem Verhältnisse steht das letztere (resp. die letzteren) zu der Gesammtfläche. Der so gefundene Bruchtheil bildet dann den Maßstab für die Repartition des Wildschadens unter die Grundbesitzer. Hieraus ergiebt sich, daß der Beschädigte die auf ihn entfallende Ersatzquote selbst zu tragen hat, d. h., daß er insoweit Schadensersatz nicht erhält. (Ebenso Bauer a. a. O. S. 15, Berger, Kommentar zum Wildschadengesetze S. 43.)

Die gemäß der Umlage von den einzelnen Grundbesitzern zu zahlenden Beträge sind von denselben wie andere Gemeindeabgaben einzuziehen. Nach Eingang derselben erfolgt der Ersatz des Wildschadens an den Beschädigten.

Ob der Jagdpächter schon vor erfolgter Berichtigung der Wildschadenschuld Seitens der Grundbesitzer auf Zahlung des festgestellten Schadensbetrages mit Erfolg in Anspruch genommen werden kann, richtet sich nach dem Jagdpachtvertrage. Der Regel nach wird der Anspruch auf Befreiung von einer Schuldverbindlichkeit dem Anspruche auf Ersatz des gezahlten Schuldbetrages gleich zu erachten sein. Keinesfalls braucht aber der beschädigte Nutzungsberechtigte mit der Durchführung seiner Schadensersatzforderung gegenüber der Gemeindebehörde zu warten, bis diese von dem Jagdpächter die Ersatzgelder erstattet erhalten hat.

Die Repartition des Wildschadens und die Einziehung der Beträge erfolgt durch die Gemeindebehörde (vgl. Note 4). Weigert sich die letztere der Zahlungsaufforderung des Ersatzberechtigten nachzukommen, beziehungsweise das Umlageverfahren vorzunehmen, so finden dieselben Maßregeln Anwendung, die Platz greifen, wenn die Gemeinde selbst die Zahlung einer rechtskräftig festgestellten Schuld verweigert. — Daß die Richtigkeit der Umlage Seitens der Beitragspflichtigen im Wege der Beschwerde angefochten werden kann, wird mit Recht von Berger a. a. O. S. 33 hervorgehoben.

Das Reskript vom 10. April 1863 (M.Bl. f. die innere Verwaltung S. 92), welches ausführt, daß in denjenigen Fällen, in welchen innerhalb eines Gemeindebezirks mehrere Jagdbezirke gebildet sind, die Jagdpachtgelder gesondert innerhalb jedes einzelnen Jagdbezirks zu vertheilen sind, wird analog auch auf die Repartition der Wildschäden Anwendung finden müssen.

4) Nach § 9 des Jagdpolizeigesetzes vom 7. März 1850 werden die Besitzer der einen (gemeinschaftlichen) Jagdbezirk bildenden Grundstücke in allen Jagdangelegenheiten durch die Gemeindebehörde vertreten. Es ist deshalb folgerichtig, daß die ersatzpflichtigen Grundbesitzer auch in dem Falle durch die Gemeindebehörde vertreten werden, wenn dieselben wegen Wildschadens in Anspruch genommen werden.

Ueber die rechtliche Natur dieser Vertretung spricht sich das bereits erwähnte Urtheil des Obertribunals vom 10. Juli 1877, Bd. 80 S. 249 des näheren aus. (Vgl. auch Entsch. des Obertribunals Bd. 58 S. 50.) Darnach handelt es sich bei den gemeinschaftlichen Jagdbezirken nicht um eine juristische Person, sondern um eine erlaubte Privatgesellschaft im Sinne der §§ 2, 11 Tit. 6. Th. II A.L.R., welcher durch den § 9 des Ges. vom 7. März 1850 die Befugniß beigelegt worden ist, sich in ihren Privatangelegenheiten durch die Gemeindebehörde vertreten zu lassen. Der Gemeindebehörde ist aber diese Vertretung nicht in ihrer Eigenschaft als Vertreterin der politischen Gemeinde, sondern als eine mit dieser Eigenschaft in keiner Beziehung stehende, bloße Nebenfunktion übertragen werden."

Andererseits besteht aber kein Unterschied zwischen den Organen der Gemeindebehörde in dem einen oder in dem anderen Sinne, vielmehr haben auch hier als Gemeindebehörde diejenigen Organe der Gemeinde zu gelten, welche zuständig sein würden, wenn es sich nicht um eine Jagd- sondern um eine Gemeindeangelegenheit handelte. (Entsch. des Oberverwaltungsgerichts Bd. III. S. 172.) Der Gemeindevorsteher, Bürgermeister (Magistratsvertreter) ist demnach diejenige Persönlichkeit, dessen Zuziehung in den Fällen der Wildschadensermittelung und -Feststellung (§ 6 folgende) zu erfolgen hat. Insoweit jedoch zum Abschluß eines rechtsgültigen Vergleichs die Aufnahme einer Urkunde erforderlich ist, würden die Vorschriften der betreffenden Landgemeindeordnung resp. Städteordnung über die Verbindlichkeit von Urkunden, durch welche die Gemeinde gegen Dritte verpflichtet werden soll, zur Anwendung gelangen.

5) Der zweite Absatz des § 2 verfolgt den Zweck, nach Möglichkeit die Wiedererstattung derjenigen Beträge zu sichern, welche die betheiligten Grundbesitzer im Gemäßheit des Absatz I für Wildschaden zu zahlen gehabt haben. Das Gesetz geht davon aus, daß die Gemeindebehörde der Regel nach bei Verpachtung der Jagd in einem gemeinschaftlichen Jagdbezirke für die vollständige Wiedererstattung der zu zahlenden Wildschadensbeträge durch den Jagdpächter Sorge tragen werde. Es lassen sich aber auch Fälle denken, in denen die Jagdpächter lieber eine höhere Pachtsumme zahlen, als jeden Wildschaden im Einzelnen ersetzen wollen. Auch kann die Festsetzung einer Pauschal-Entschädigungssumme unter Umständen für die Gemeinde vortheilhafter sein, als die Erstattung der einzelnen gezahlten Wildschadensbeträge. In allen Fällen nun, in welchen nicht die vollständige Wiedererstattung der zu entrichtenden Wildschadensbeträge durch den Jagdpächter ausbedungen ist, müssen die Jagdpachtverträge in ortsüblicher Weise bekannt gemacht und eine Woche lang ausgelegt werden. Sobald auch nur von einem Nutzungsberechtigten inner-

halb zwei Wochen nach dieser Auslegung Widerspruch erhoben wird, soll der Kreisausschuß (in Stadtkreisen der Stadtausschuß) endgültig entscheiden, ob die Verhältnisse es rechtfertigen, daß von der Ausbedingung des vollen Ersatzes durch den Jagdpächter abgesehen wird. Die Gemeindebehörden haben demnach im Falle rechtzeitig erhobenen Widerspruchs die Jagdpachtverträge dem Kreisausschuß resp. dem Stadtausschuß zur Genehmigung vorzulegen. Der letztere entscheidet alsdann über die Genehmigung nach eigenem Ermessen, ohne durch den Widerspruch in seinem Genehmigungsrechte beschränkt zu sein. (Vgl. oben S. 71.)

Das Einspruchsrecht ist auch hier den **Nutzungsberechtigten**, also in erster Linie dem ersatzpflichtigen Grundstückseigenthümer, eventuell jedoch dem Pächter u. s. w. zugestanden worden. Unbedenklich wird der Eigenthümer stets dann als zum Widerspruch legitimirter Nutzungsberechtigter **neben** dem Pächter u. s. w. anzusehen sein, wenn der von der Gemeinde in Aussicht genommene Jagdpachtvertrag sich über einen längeren Zeitraum erstrecken soll, als der Grundstücks-Verpachtsvertrag des Eigenthümers dauert. In diesem Falle — und es lassen sich der Fälle noch mehrere denken — sind eben Beide, Eigenthümer und Pächter Nutzungsberechtigte im Sinne des Abs. II dieses Paragraphen, nach dessen Wortlaute bei dem Widerspruche auch nur eines Nutzungsberechtigten die Frage der Genehmigung des Jagdpachtvertrages an den Kreis- resp. Stadtausschuß devolvirt.

In Betreff der **Berechnung** der zweiwöchigen Frist ist auf die Ausführungen bei Förster-Eccius, Theorie und Praxis, 5. Auflage, Bd. I S. 209 und Note 7 daselbst zu verweisen. (Vgl. auch § 52 des Gesetzes über die allgemeine Landesverwaltung in Verbindung mit § 200 der Civilprozeßordnung.) Darnach würde z. B. ein Jagdpachtvertrag, dessen ortsübliche Bekanntmachung am Montag den 1. Februar stattgefunden hat, in der Zeit vom Montag den 1 Februar bis zum Montag den 8. Februar (einschließlich) öffentlich auszulegen sein. Die zweiwöchige Widerspruchsfrist beginnt alsdann am Dienstag den 9. Februar und endigt am Dienstag den 23. Februar **Mitternacht**.

Hinsichtlich der Frage, ob Wiedereinsetzung in den vorigen

Stand zulässig ist, wenn die Frist versäumt ist, ist der rechtliche Charakter des „Widerspruchs", d. h. die Frage entscheidend, ob derselbe einer „Beschwerde" im Sinne des § 52 des Ges. v. 30. Juli 1893 gleich zu erachten ist. Dies kann unter Umständen der Fall sein.

§ 3.*)

Ersatzpflichtig ist bei Enklaven (§ 7 des Jagdpolizeigesetzes vom 7. März 1850, Gesetz-Samml. S. 165, § 9 des Gesetzes vom 30. März 1867, Gesetz-Samml. S. 126, und § 11 des Lauenburgischen Gesetzes vom 17. Juli 1872, Offiz. Wochenblatt f. Lauenburg S. 218) der Inhaber des umschließenden Jagdbezirks,[1]) sofern er die Jagd auf der Enklave angepachtet oder die angebotene Anpachtung abgelehnt hat.[2])

*) In Betreff der Waldenklaven enthält § 7 des Jagdpolizeigesetzes vom 7. März 1850 folgende Bestimmung: „Grundstücke, welche von einem über dreitausend Morgen im Zusammenhange großen Walde, der eine einzige Besitzung bildet, ganz oder größtentheils eingeschlossen sind, werden, auch wenn sie nicht unter die Bestimmungen des § 2 fallen, dem gemeinschaftlichen Jagdbezirke der Gemeinde nicht zugeschlagen. Die Besitzer solcher Grundstücke sind verpflichtet, die Ausübung der Jagd auf denselben dem Eigenthümer des sie umschließenden Waldes auf dessen Verlangen gegen eine nach dem Jagdertrage zu bemessende Entschädigung zeitpachtweise zu übertragen, oder die Jagdausübung gänzlich ruhen zu lassen. Macht der Waldeigenthümer von seiner Befugniß, die Jagd auf der Enklave zu erpachten, beim Anerbieten des Besitzers, nicht Gebrauch, so steht dem letzteren die Ausübung der Jagd auf dem enklavirten Grundstücke zu." Mit Rücksicht auf diese Bestimmung ist im § 3 des gegenwärtigen Gesetzes die Ersatzpflicht für Wildschaden geregelt worden. Der Kommiss.-Bericht des Abgeordnetenh. vom 30. Januar 1891 S. 10 bemerkt dazu: „Für Enklaven und diesen gleichgestellte Grundstücke war es nothwendig, besondere Bestimmungen in Betreff des Wildschadensersatzes zu geben, weil der Besitzer eines solchen Grundstückes weder in der Lage ist, die Jagd selbst auszuüben noch an einen Anderen

als den Besitzer des umschließenden Grundstückes zu verpachten. Macht letzterer von seinem Rechte Gebrauch, oder lehnt er die angebotene Anpachtung absichtlich ab, so erscheint es gerecht, demselben die Pflicht zur Erstattung des auf der Enklave entstandenen Wildschadens aufzuerlegen. Dagegen würde eine Ersatzpflicht für ungerecht erachtet, wenn der Enklavenbesitzer die Jagd absichtlich ruhen läßt."

1. „Inhaber des umschließenden Jagdbezirks" heißt hier soviel als „Eigenthümer des umschließenden Waldes." Ueber den Begriff des „Waldes" und der „Enklaven" vgl. Kohli a. a. O. Note 30 und folgende zum § 7 des Jagdpolizeigesetzes vom 7. März 1850 (S. 45 ff.).

2. Gelegentlich der oben (S. 61) erwähnten Recension des Schwarze'schen Kommentars tadelt Herr Oberverwaltungsgerichtsrath Schultzenstein die angebliche Widersinnigkeit des vorstehenden § 3 des Gesetzes. Er sagt a. a. O. S. 614:

Bei der Hervorhebung der Mängel ist Schwarze übrigens noch sehr zurückhaltend gewesen; gegenüber einem vom Standpunkte der Gesetzestechnik aus so schlecht gearbeiteten Gesetze, wie dem vom 11. Juli 1891, kann eine Kritik kaum scharf genug sein. Zur Ergänzung der Schwarze'schen Bemängelungen sei noch auf die auch sonst bisher nicht hervorgehobene Widersinnigkeit hingewiesen, die darin liegt, daß nach § 3 der Enklavenbesitzer auch dann Anspruch auf Wildschadensersatz hat, wenn er wegen Ablehnung der angebotenen Anpachtung seitens des Waldeigenthümers die Enklave bejagen darf, also selbst jagdberechtigt auf dem beschädigten Grundstück ist."

Hiergegen ist zu bemerken: Bei den kommissarischen Berathungen zu § 3 des Gesetzes ist man sich dessen wohl bewußt gewesen, daß dem **jagdberechtigten** Enklavebesitzer streng genommen, d. h. nach der Konsequenz des Gesetzes der Anspruch auf Wildschadensersatz versagt werden müsse. Einer der Gegner des § 3 hatte sich sogar scherzweise die Bemerkung gestattet, es fehle nur noch die Aufnahme einer Bestimmung, wonach der Waldbesitzer dem Enklaveneigenthümer die Kosten der Herrichtung des Wildbratens ersetzen müsse.

Allein ganz so widersinnig, wie Herr Schultzenstein meint, ist der § 3 doch nicht. Die hier in Betracht kommenden Enklavebesitzer sind meistens kleine Leute, die keine Zeit, keine Lust und meistens auch nicht das Zeug dazu haben, die Jagd auf Hochwild auszuüben. Da erschien es denn im Interesse der kleinen Leute richtiger, von dem, dem Eigenjagdbesitzer gegenüber beobachteten Prinzipe abzusehen und den Waldbesitzer, der die Anpachtung der Jagd auf der Enklave ablehnt, unter allen Umständen für den Wildschaden verantwortlich zu machen.

§ 4.*)

Ein Ersatz für Wildschaden findet nicht statt, wenn die Umstände ergeben, daß die Bodenerzeugnisse in der Absicht gezogen oder erheblich über die gewöhnliche Erntezeit hinaus auf dem Felde belassen sind, um Schadensersatz zu erzielen.

*) Hinsichtlich des § 4 (§ 5a des ursprüngl. Entw. des Abgeordnetenh.) hebt der erwähnte Kommiss.-Bericht (S. 13) Folgendes hervor: „Die Kommission hatte im Verlauf der Verhandlungen die Ansicht gewonnen, daß eine Wildschadensersatzpflicht Leute veranlassen könne, das Wild durch Anbau werthvoller, für die Beschaffenheit des betreffenden Ackers aber gänzlich ungeeigneter Pflanzen, absichtlich anzulocken, um aus dem Schadensersatz Gewinn zu erzielen. Bei vollem Nachweis derartiger Absichten solle aber jeder Ersatzanspruch für Schaden ausgeschlossen sein, und wurde zu diesem Zweck der § 5a (jetzt § 4) hinzugefügt." Der Ausdruck „voller Nachweis" ist insofern nicht ganz zutreffend, als dadurch der Anschein erweckt wird, als ob es sich im § 4 um einen ganz besonders gearteten Beweis handelte. Eine solche Annahme findet aber in dem Wortlaute des § 4 keine Stütze. Vielmehr handelt es sich sowohl hier, wie auch bei den sonstigen nach dem gegenwärtigen Gesetze zu treffenden Entscheidungen lediglich um einen Ueberzeugungsbeweis („freie Beweiswürdigung"). Das ist für das Verwaltungsstreitverfahren durch § 79 des Gesetzes über die allgemeine Landesverwaltung vom 30. Juli 1883 ausdrücklich vorgeschrieben, muß aber auch der Natur der Sache nach beim Mangel anderweiter Vorschriften in gleicher Weise für das polizeiliche Vorverfahren gelten. Die Annahme Bauers (a. a. O. S. 20), der spekulative Nutzungsberechtigte brauche nur

zu bestreiten, daß sein Wille auf die Erzielung von Schadenersatz gerichtet gewesen, als er Bodenerzeugnisse heranzog und erheblich über die gewöhnliche Erntezeit auf dem Felde ließ, und er brauche sein Handeln nur mit einigen plausiblen Gründen zu motiviren, um sicher zu gehen, daß § 4 auf ihn keine Anwendung finde, geht wohl offenbar zu weit.

Liegen die im § 4 vorgesehenen Umstände vor, so werden dieselben der Regel nach, wenn nicht etwa die Polizeibehörde bereits Kenntniß davon hat, von dem auf Ersatz des Wildschadens in Anspruch genommenen einredeweise geltend zu machen und nöthigenfalls zu beweisen sein. Die Einrede kann schon in dem polizeilichen Vorverfahren geltend gemacht werden, und ist dann von der Ortspolizeibehörde bei der Instruktion der Sache und beim Erlaß des Vorbescheides (§ 9) zu berücksichtigen. Hat die Ortspolizeibehörde die Ueberzeugung erlangt, daß die im § 4 gedachte fraudulöse Absicht vorgelegen, so muß der Schadensersatzanspruch abgewiesen werden, da es sich nach § 9 cit. nicht bloß um eine Schadensfeststellung, sondern um Erlaß eines Vorbescheides über den Ersatzanspruch handelt.

§ 5.*)

Sofern Bodenerzeugnisse, deren voller Werth sich erst zur Zeit der Ernte bemessen läßt, vor diesem Zeitpunkte beschädigt werden (§ 1), so ist der Schaden in demjenigen Umfange zu erstatten, in welchem er sich zur Zeit der Ernte darstellt.

*) Der § 5 ist dem Entwurf des Herrenhauses (§ 6) entnommen, vgl. Kommiss.-Bericht des Herrenhauses vom 27. April 1891 S. 5 und 15 (Nr. 94 der Drucksachen). Die Vorschrift korrespondirt mit der Bestimmung des § 8 des Gesetzes. Beide Paragraphen gehen davon aus, daß in vielen Fällen der Umfang des Schadens sich erst zur Zeit der Ernte feststellen läßt. Ist dies der Fall, so ist die Abschätzung auch von Amtswegen bis zu dem Zeitpunkte auszusetzen, daß dieselbe erfolgen kann, also bis zur Ernte. (Ebenso Berger a. a. O. S. 56.)

§ 6.*)

Der Beschädigte, welcher auf Grund der §§ 1 bis 3 Ersatz für Wildschaden fordern will,[1]) hat diesen Anspruch bei der für das geschädigte Grundstück zuständigen Ortspolizeihörde[2]) binnen drei Tagen, nachdem er von der Beschädigung Kenntniß erhalten hat,[3]) schriftlich oder zu Protokoll anzumelden.[4]) Bei Versäumung dieser Anmeldung findet ein Ersatzanspruch nicht statt.[5]).

*) Ueber die Zulässigkeit und Bedeutung des in den §§ 6 bis 11 geregelten **Verfahrens** ist auf das im § 4 der Einleitung S. 30 u. folgende Gesagte zu verweisen. Die Vorschriften über das Verfahren beziehen sich auf die Geltendmachung des Anspruchs (Anmeldung), die Ermittelung der zu leistenden Entschädigung und die Festsetzung derselben. Das Verfahren greift nur Platz, wenn der Ersatzanspruch auf Grund der §§ 1 bis 3 des Gesetzes geltend gemacht wird, ist dann aber so wesentlich, daß nur innerhalb des Rahmens dieser Bestimmungen die Entschädigung gefordert werden kann.

Im Einzelnen giebt der § 6 des Gesetzes Auskunft über folgende Fragen:

1) **Wer** hat den Wildschaden anzumelden? **Der beschädigte Nutzungsberechtigte**, vgl. § 1 Note 4. Derselbe kann sich auch durch einen legitimirten Bevollmächtigten vertreten lassen. Falls mehrere nutzungsberechtigte Miteigenthümer vorhanden sind, hat ein jeder von ihnen präsumptive Vollmacht zur Vertretung der übrigen (§§ 53, 54 A.L.R. Th. I Tit. 17, § 120 ebenda I. 13). Mit Rücksicht auf die kurze Präklusivfrist wird der Regel nach auch § 119 A.L.R. Th. I Tit. 13 Anwendung finden müssen, welcher bestimmt:

Anverwandte in auf- und absteigender Linie, Eheleute, Geschwister und Geschwisterkinder ersten Grades, Schwiegereltern und Schwiegerkinder, Schwäger und Schwägerinnen, müssen in Fällen, die keinen Aufschub leiden, zur Besorgung der Angelegenheiten solcher Personen, mit denen sie in einer dergleichen Verbindung stehen auch ohne ausdrückliche Vollmacht zugelassen werden.

Das Gemeine Recht und das französische Recht kennen eine ähnliche Präsumption hinsichtlich der Vollmacht von Verwandten nicht.

2) Bei wem ist die Schadensersatzforderung anzumelden? Bei der für das Grundstück zuständigen **Ortspolizeibehörde**, d. h. bei derjenigen Ortspolizeibehörde, in deren Bezirk das vom Wildschaden betroffene Grundstück liegt.*)

In den Städten wird die Ortspolizei, soweit sie nicht Königlichen Behörden übertragen ist, im Allgemeinen von den Bürgermeistern verwaltet. Auf dem Lande ist die Ortspolizeibehörde im Gebiete der Kreisordnung vom 13. Dezember 1872 der Amtsvorsteher (Gemeinde und Gutsvorsteher sind seine Organe § 59, 29, 30, 31 a. a. O.); in der Provinz Westfalen der Amtmann (§ 29 Abs. 2 der Kreisordnung vom 31. Juli 1886); in der Rheinprovinz der Bürgermeister (§ 28 der Kreisordnung vom 30. Mai 1887); in der Provinz Hessen-Nassau der Bürgermeister (§ 27 der Kreisordnung vom 7. Juni 1885), vgl. indessen bez. der vom Landrathe wahrzunehmenden Zweige der Polizeiverwaltung § 28, sowie bez. des Landkreises Frankfurt am Main. (§ 30—32 a. a. O.) (v. Brauchitsch, Die neuen preuß. Verwaltungsgesetze Bd. I S. 129.)

*) Den Beamten der Ortspolizei (Amtsvorstehern, Amtmännern, Bürgermeistern u. s. w.) ist durch das gegenwärtige Gesetz eine unter Umständen sehr erhebliche Mehrbelastung auferlegt worden. Der Vorschlag einzelner Abgeordneten, statt der Ortspolizeibehörde die Gemeindebehörde mit dem Ermittelungs- und Festsetzungsverfahren zu betrauen, mußte an der Erwägung scheitern, daß die Gemeindebehörde des Ortes regelmäßig Partei ist, § 2 Abs. 1 des Gesetzes. Im Uebrigen schien es geboten, auch das Vorverfahren in die Hände einer **Behörde** zu legen, und sind gerade die Ortspolizeibeamten in den Landgemeinden zu dieser Stellung als besonders geeignet erachtet worden. (Kommiss.-Bericht des Abgeordnetenhauses vom 30. Januar 1891 S. 14, Kommiss.-Bericht des Herrenhauses vom 27. April 1891 S. 6.) Sind die betreffenden Beamten als Jagdinhaber oder als Grundstücksbesitzer oder aus einem sonstigen Grunde bei der geltend gemachten Entschädigung persönlich betheiligt, so tritt der amtliche Vertreter ein. [Vgl. auch § 54 des Zuständigkeitsgesetzes vom 26. Juli 1876 (G.S. S. 297), § 57 der Kreisordnung vom 13. Dez. 1872 / 7. März 1881 (G.S. S. 179).]

3) **Innerhalb welcher Zeit** muß die Anmeldung stattfinden? Die Frist für die Anmeldung beträgt **drei** Tage. Sie beginnt aber erst, nachdem der Beschädigte von dem Wildschaden Kenntniß erhalten hat. Der Tag der erhaltenen Kenntniß wird in die dreitägige Frist nicht mit eingerechnet. Der § 61 des Strafgesetzbuches, betreffend die dreimonatige Frist zur Stellung des Strafantrages bei den sog. Antragsdelikten, welcher im Uebrigen eine ähnliche Bestimmung enthält, wie der vorstehende § 6 des Wildschadengesetzes, weicht insofern von dem letzteren ab, als dort gesagt ist, „die Frist beginnt mit dem Tage, seit welchem der Antragsberechtigte ... Kenntniß erhalten hat; es ist also nach dieser Fassung der Tag, an welchem der Verletzte die Kenntniß erhalten hat, in die Frist einzurechnen. Im § 6 cit. ist dagegen die Fassung so gewählt, daß der Tag der erhaltenen Kenntniß in die dreitägige Frist nicht einbezogen ist. (Vgl. auch Förster-Eccius, Theorie und Praxis 5. Auflage Bd. 1 S. 209 und die Note 7 daselbst, ferner § 52 des Gesetzes über die allgemeine Landesverwaltung vom 30. Juli 1883 [G.S. S. 195] in Verbindung mit § 199 der Civilprozeßordnung.)

Sind seit dem Tage, an welchem der Wildschaden stattgefunden hat, mehr als drei Tage verflossen, so hat der Anmeldende durch Vorbringen geeigneter Thatsachen resp. Glaubhaftmachung derselben der Ortspolizeibehörde die Ueberzeugung zu verschaffen, daß er erst innerhalb der dreitägigen Anmeldungsfrist von der Beschädigung Kenntniß erhalten hat (z. B. wenn der Beschädigte abwesend gewesen und erst innerhalb der Frist zurückgekehrt ist). Im Uebrigen darf hier auf die Noten 27—30 zu § 61 des St.G.B. in dem Kommentar von Oppenhoff, Berlin 1891 S. 177, sowie auf die Anmerkungen 22 und 24 des Kommentars von Rüdorff-Stenglein, Berlin 1892, zu demselben Paragraphen (S. 215 folgende) Bezug genommen werden.

4) **Wie** hat die Anmeldung zu erfolgen? Die Anmeldung des **Ersatzanspruchs** (nicht bloß der stattgehabten Beschädigung) muß schriftlich, oder (mündlich) zu Protokoll der Ortspolizeibehörde erfolgen. Aus der Anmeldung muß hervorgehen, daß ein Ersatz für Wildschaden gefordert wird; dagegen scheint

es nicht erforderlich, daß in der Anmeldungsschrift beziehungsweise in dem Protokolle bereits eine bestimmte Entschädigungssumme angegeben wird.

5) **Ist die Anmeldungsfrist versäumt,** d. h. ist die Anmeldung innerhalb der vorgeschriebenen Frist gar nicht (oben Anmerkung 3) oder nicht so, wie sie vorgeschrieben ist (oben Anmerkung 2 und 4), erfolgt, so findet ein Ersatzanspruch nicht statt. (Vgl. das zu § 7 Note 1 Gesagte.) Das Gesetz unterscheidet nicht zwischen entschuldbarer und unentschuldbarer Versäumung der Anmeldungsfrist, geht vielmehr davon aus, daß die Innehaltung der kurzen Frist vom Tage der erhaltenen Kenntniß des Schadens an, unbedingt zur Verfolgung des Anspruchs erforderlich ist. Es handelt sich hier um eine Präklusiv- nicht um eine Verjährungsfrist. Eine Wiedereinsetzung in den vorigen Stand findet deshalb nicht statt. Die Vorschrift des § 112 des Gesetzes über die allg. Landesverwaltung vom 30. Juli 1883 trifft auf die Herbeiführung des Vorverfahrens nicht zu, noch weniger können die Bestimmungen der Civilprozeßordnung § 211 ff. hier Anwendung erleiden. Vgl. die Ausführungen im § 6 der Einleitung oben S. 73. S. auch Rüdorff-Stenglein a. a. O. Anmerkung 29 zu § 61 des St.G.B. S. 216.

Der Schlußsatz des § 6 des Gesetzes zwingt den Beschädigten, der Regel nach von dem Versuche einer gütlichen Einigung mit dem Ortsvorsteher — ohne vorherige Anmeldung des Anspruchs bei der Ortspolizeibehörde — abzusehen, da anderenfalls die Anmeldung leicht zu spät kommen, und dadurch der Anspruch hinfällig werden würde.

§ 7.

Nach rechtzeitig [1]) erfolgter Anmeldung [2]) hat die Ortspolizeibehörde zur Ermittelung und Schätzung des behaupteten Schadens und zur Herbeiführung einer gütlichen Einigung unverzüglich einen Termin an Ort und Stelle anzuberaumen [3]) und zu demselben die Betheiligten [4]) unter der Verwarnung zu laden, [5]) daß im Falle des Nichterscheinens mit der Ermittelung und Schätzung des Schadens dennoch vorgegangen wird. Der Jagdpächter ist zu diesem Termine zu laden.[6])

1) Die Ortspolizeibehörde hat die **Rechtzeitigkeit** der Anmeldung zu prüfen. Wenn zur Zeit der Anmeldung des Schadensanspruchs mehr als drei Tage seit dem Tage des Wildschadens verstrichen sind, so hat der Beschädigte, wie bereits in der Note 3 zu § 6 bemerkt, zunächst darzuthun, daß er erst innerhalb der dreitägigen Frist von dem Wildschaden Kenntniß erhalten hat. Ueber die Art und Weise, wie der Beschädigte der Ortspolizeibehörde die Ueberzeugung von der Rechtzeitigkeit der Anmeldung (trotz des Ablaufs der dreitägigen Frist) zu verschaffen hat, ist im Gesetze nichts vorgeschrieben. Es muß also jede Art von Beweisführung zugelassen werden, doch ist eidliche Vernehmung von Zeugen oder Eidesdelation in dem polizeilichen Vorverfahren selbstverständlich ausgeschlossen.

Führen die polizeilichen Verhandlungen über die Rechtzeitigkeit der Anmeldung zu einem dem Beschädigten ungünstigen Resultate, so kann der von der Ortspolizeibehörde zu erlassende Vorbescheid nur dahin gehen, daß der Schadensersatzanspruch wegen nicht rechzeitig erfolgter Anmeldung abzuweisen. Die definitive Entscheidung über diese Vorfrage würde dann eventuell dem nach § 10 herbeizuführenden Verwaltungsstreitverfahren vorbehalten bleiben. (Vgl. Anmerkung 2 zu § 10 des Gesetzes.)

2) In gleicher Weise hat die Ortspolizeibehörde die **Legitimation** des Anmeldenden zu prüfen. Legitimirt zur Anmeldung des Ersatzanspruchs ist nur der beschädigte Nutzungsberechtigte. (Wegen der Vertretung desselben vgl. das zu § 6 Note 1 Gesagte.)

3) Ist die Anmeldung des Ersatzanspruchs rechtzeitig erfolgt so hat die Ortspolizeibehörde zur Ermittelung und Schätzung des Schadens und zur Herbeiführung einer gütlichen Einigung **unverzüglich einen Termin an Ort und Stelle anzuberaumen.** Der Termin hat demnach einen doppelten Zweck: Schätzung des behaupteten Schadens und Versuch einer gütlichen Einigung. In

ersterer Beziehung wird der Amtsvorsteher (Amtmann, Bürgermeister) die erforderliche Sachkunde in der Regel selbst besitzen. Im gleichen Sinne bemerkt Berger a. a. O. S. 64: „In den weitmeisten Fällen wird es, da der Amtsvorsteher durchschnittlich selbst Landwirth oder dieses und forstmännisch erfahren ist, eines Sachverständigen nicht bedürfen, insbesondere dann, wenn der Amtsvorsteher die Ueberzeugung hat, daß seinem Gutachten ohne Weiteres Vertrauen geschenkt wird." Anderenfalls hat er einen geeigneten Sachverständigen zur Abschätzung des Schadens zuzuziehen, dessen Gebühren nach § 11 des Gesetzes als baare Auslagen in Ansatz zu bringen sind. Wenn Berger der mitgetheilten Ausführung die Bemerkung vorausschickt: „Die Schätzung soll, wie aus § 13 hervorgeht, unter Zuziehung eines Sachverständigen erfolgen und zwar je nach der Natur des Schadens, eines Landwirths oder eines Forstmannes", so erscheint das nicht ganz verständlich. Weder § 13 noch eine sonstige Bestimmung des Gesetzes machen der Ortspolizeibehörde die Zuziehung eines Sachverständigen zur unbedingten Pflicht.

Ueber die Art der Beweisführung ist auf das oben (Anmerkung 1) Gesagte zu verweisen.

Die Schätzung muß ausgesetzt werden, wenn der Beschädigte oder der Ersatzpflichtige beantragt, daß derselbe erst in einem kurz vor der Ernte abzuhaltenden Termine erfolgen soll. Dagegen hat der Versuch der gütlichen Einigung in jedem Falle stattzufinden. Im Interesse der Vermeidung unnützer Prozesse liegt es, daß gerade hierauf Seitens der Ortspolizeibehörde ein besonderer Werth gelegt wird. Selbstverständlich hat die gütliche Einigung nur dann einen vollen, alle weiteren Streitigkeiten ausschließenden Werth, wenn sie das Einverständniß des regreßpflichtigen Jagdpächters mitumfaßt.

4) Die **Betheiligten**, deren Ladung vorgeschrieben ist, sind: der Beschädigte, die Gemeindebehörde des gemeinschaftlichen Jagdbezirks, welchem die in Anspruch genommenen Grundbesitzer angehören (§ 2 des Gesetzes) und eventuell der Inhaber des die Enklave umschließenden Jagdbezirks (§ 3 des Gesetzes). Berger a. a. O. S. 68 ist der Ansicht, es finde sich insofern im Gesetz

eine Lücke, als im Falle des § 3 nicht gesagt sei, wer zu den Betheiligten zähle. Der Jagdpächter (Anpächter) solle es nicht sein. Mit dem ersatzberechtigten Enklavenbesitzer allein könne aber doch der Amtsvorsteher eine gütliche Einigung nicht vornehmen. Das Bedenken Bergers ist unbegründet. Der ersatzpflichtige Inhaber des die Enklave umschließenden Jagdbezirks ist in dieser seiner Eigenschaft gewiß der Nächstbetheiligte. Das brauchte garnicht besonders ausgesprochen zu werden, folgt vielmehr aus der Natur der Sache. Dagegen gehört der Jagdpächter als solcher nicht zu den Betheiligten im Sinne der §§ 2 bis 11 des Gesetzes, wenn schon auch seine Ladung zu dem Termine erfolgen muß. Die gegentheilige Ansicht Bauers a. a. O. S. 33 erscheint unzutreffend. (Vgl. unten Note 6.)

5. Eine **bestimmte Form** für die Mittheilung der Ladung ist nicht vorgeschrieben. Allgemeine Bestimmungen über die Zustellung von Verfügungen der Ortspolizeibehörde giebt es nicht. Eine analoge Anwendung der für die Zustellung polizeilicher Strafverfügungen gegebenen Vorschriften (§ 10 der Anweisung vom 8. Juni 1883 zum Gesetze vom 23. April 1883, Ges. S. S. 65) ist nicht geboten. Noch weniger können hier die Bestimmungen des Geschäfts-Regulativs vom 28. Februar 1884 (MBl. f. d. i. V. S. 41) für maßgebend erachtet werden. Dem Geiste des Gesetzes wird es entsprechen, wenn die Ladung in ortsüblicher Weise bewirkt wird, wofern nur im Bestreitungsfalle Seitens der Ortspolizeibehörde dargethan werden kann, daß, und wenn die Ladung erfolgt ist. Unter dieser Voraussetzung würde auch eine mündliche Ladung genügen. Die Ladung muß die Verwarnung erhalten, daß im Falle des Nichterscheinens mit der Ermittelung und Schätzung des Schadens dennoch vorgegangen werden wird.

6. Der Antrag des Abgeordneten Freiherrn von Huene und Genossen (Nr. 348 der Drucksachen) hatte für den Schlußsatz des § 7 eine Fassung vorgeschlagen, welche den Anschein erwecken konnte, als ob das Vorverfahren bei der Polizeibehörde und folgeweise auch das spätere Verfahren vor den Verwaltungsgerichten auch für die von dem **Jagdpächter** auf Grund des Jagdpacht-

vertrages zu leistende Wildschadens-Entschädigung maßgebend sein solle Der § 7 (§ 9 des Entw.) sollte dahin lauten: „Nach rechtzeitig erfolgter Anmeldung hat die Ortspolizeibehörde .... einen Termin an Ort und Stelle anzuberaumen und zu demselben die Betheiligten, zu denen im Falle des § 2 Abs. 2 auch der Jagdpächter zu rechnen ist, unter der Verwarnung zu laden u. s. w.

Gegen diese Fassung wandte sich mit Recht der Abgeordnete Rintelen, indem derselbe unter Zustimmung der Staatsregierung ausführte, daß den Rechten des Jagdpächters durch das polizeiliche Vorverfahren und das Verwaltungsstreitverfahren nicht präjudizirt werden könne, daß vielmehr insoweit, als die Entschädigungspflicht des Pächters auf Grund des Pachtvertrages in Frage komme, ein reines Privatverhältniß vorliege, dessen rechtliche Beurtheilung im Falle eines Streites den ordentlichen Gerichten nicht entzogen werden könne. In Folge dieser Ausführungen wurde dem § 7 die gegenwärtige Fassung gegeben, durch welche der Jagdpächter auch äußerlich in einen Gegensatz zu den vorhererwähnten Betheiligten gestellt ist. Die Zuziehung des Jagdpächters zu dem polizeilichen Vorverfahren erfolgt demnach lediglich aus praktischen Gesichtspunkten insbesondere aus der Erwägung, daß demselben Gelegenheit zu geben sei, sich über die Ansprüche des Beschädigten zu informiren und eventuell an dem Abschlusse eines Vergleichs sich zu betheiligen. Da die Beiladung des Jagdpächters zu dem Schadenermittelungstermin obligatorisch ist, so empfiehlt es sich zur Vermeidung von Weiterungen, in den Jagdpachtverträgen mit auswärtigen Jagdpächtern die Bedingung aufzunehmen, daß dieselben einen in der Gemeinde wohnenden Bevollmächtigten zu bestellen haben.

Im Uebrigen regelt sich die Frage, ob und inwieweit der Jagdpächter den von den Grundbesitzern des gemeinschaftlichen Jagdbezirks vergüteten Wildschaden seinerseits zu erstatten hat, lediglich nach dem Jagdpachtvertrage. Streitigkeiten über Rechte und Pflichten aus dem Jagdpachtverhältnisse gehören vor die ordentlichen Gerichte. Eine Streitverkündigung gegenüber dem

Jagdpächter findet in dem Verwaltungsstreitverfahren nicht statt, ebenso ist die Anwendbarkeit des § 70 des Gesetzes über die allgemeine Landesverwaltung vom 30. Juli 1883 (G.S. S. 195) ausgeschlossen. (Vgl. auch § 7 Abs. 1 zweiter Satz desselben Gesetzes.) Der Umstand, daß nach der gegenwärtigen Gesetzgebung ein zweifaches gerichtliches Verfahren wegen Ersatz des Wildschadens eintreten kann [nämlich das Verwaltungsstreitverfahren zur Schlichtung der Streitigkeiten zwischen dem Beschädigten einerseits und der Gemeinde resp. dem Inhaber des die Enklave umschließenden Jagdbezirks andererseits, und das Verfahren vor den ordentlichen Gerichten wegen Streitigkeiten zwischen Jagdpächter und Jagdverpächter] läßt es geboten erscheinen, daß in deu Jagdpachtverträgen die Frage wegen Feststellung der Wildschadensentschädigung besonders geregelt wird. Hierzu bieten sich verschiedene Wege. Es kann in dem Jagdpachtvertrage eine Pauschalsumme festgesetzt werden, durch deren Zahlung weitere Regreßansprüche gegen den Jagdpächter ein für allemal abgeschnitten werden. In diesem Falle wird der Regel nach eine ortsübliche Bekanntmachung des Jagdpachtvertrages zu erfolgen haben (§ 2 Abs. 2). Oder es kann in dem Jagdpachtvertrage bestimmt werden, daß der Pächter die im Verwaltungsstreitverfahren ergehenden Entscheidungen auch gegen sich selbst gelten zu lassen habe u. dgl.

§ 8.*)

Jedem Betheiligten[1]) steht das Recht zu, in dem Termine zu beantragen, daß die Schätzung des Schadens erst in einem zweiten kurz vor der Ernte abzuhaltenden Termine[2]) erfolge. Diesem Antrage muß stattgegeben werden.

*) Hier ist zunächst auf die Note zu § 5 zu verweisen.

1) In Betreff der Frage, wer zu den Betheiligten zu rechnen ist, vgl. oben § 7 Note 4 und 6. Da der Jagdpächter nicht zu den Betheiligten gehört, so kann er nicht verlangen, daß der Schaden erst zur Zeit der Ernte taxirt wird, wofern ihm nicht etwa in dem Jagdpachtvertrage, oder auf sonstige Weise Seitens der Betheiligten eine dahin lautende Vollmacht zur Vertretung

eines „der Betheiligten" ertheilt worden ist. Die Beiladung des Jagdpächters zu dem zweiten Termine ist zwar nicht ausdrücklich vorgeschrieben, entspricht aber wohl der Ratio des § 7.

2) Eine Wiederholung der im § 7 für den ersten Termin vorgeschriebenen Verwarnung ist nicht angeordnet, und daher nicht unbedingt geboten, wenn schon zweckmäßig.

Ist der zweite Termin den (erschienenen) Betheiligten während der Abhaltung des ersten Termins bereits bekannt gegeben, so bedarf es einer anderweiten Ladung zum zweiten Termine nicht. Die Verkündigung des Termins ist aber aktenkundig zu machen. Andernfalls gilt in Betreff der Zustellung der Ladung das zu § 7 Note 5 Gesagte.

§ 9.

Auf Grund des Ergebnisses der Vorverhandlung hat[1]) die Ortspolizeibehörde einen Vorbescheid[2]) über den Schadensersatzanspruch und die entstandenen Kosten[3]) zu erlassen und den Betheiligten in schriftlicher Ausfertigung zuzustellen.[4])

Die Zustellung erfolgt nach Maßgabe der für Zustellungen des Kreisausschusses geltenden Bestimmungen.

1) Die Verpflichtung der Ortspolizeibehörde, einen Vorbescheid zu erlassen, fällt selbstverständlich fort, wenn die Parteien auf den Erlaß desselben verzichten, bezw. wenn sie den Streit durch Vergleich beenden. Vgl. die zutreffenden Ausführungen Schultzensteins a. a. O. S. 612 und 613. Dort ist auch die Haltlosigkeit der Schwarze'schen Ansicht über den Erlaß *mehrerer* Vorbescheide in ein und derselben Sache dargethan.

2) Ueber die Form des Vorbescheides enthält das Gesetz keine Bestimmung. Daß der Bescheid mit Gründen zu versehen sei, ist ebenfalls nicht besonders vorgeschrieben, dürfte aber wohl mit Rücksicht auf die Zulässigkeit des Widerspruchs als selbstverständlich anzusehen sein. Ohne Mittheilung des Ergebnisses der Vorverhandlungen würde der Vorbescheid als ein vollständiger nicht erachtet werden können.

Der Vorbescheid der Ortspolizeibehörde lautet in der Hauptsache entweder auf Festsetzung einer bestimmten dem Beschädigten von dem Ersatzpflichtigen zu zahlenden Entschädigungssumme, oder auf Abweisung des geltendgemachten Schadensersatzanspruchs. Die Abweisung des Anspruchs kann aus verschiedenen Gründen erfolgen: Wegen mangelnder Legitimation des Ersatzfordernden, wegen nicht rechtzeitig erfolgter Anmeldung, weil ein Wildschaden nicht nachgewiesen ist, weil die Voraussetzungen des § 4 des Gesetzes vorliegen und dergl. mehr. Wie das Oberverwaltungsgericht in einer Entscheidung vom 22. Dezember 1892 ausführt, ist der Vorbescheid des Amtsvorstehers nach § 9 des Wildschadengesetzes keine polizeiliche Verfügung im Sinne des IV. Titels des Landesverwaltungsgesetzes, sondern ein Akt der Rechtsprechung. Es findet deshalb gegen denselben auch **nicht**, wie gegen eine polizeiliche Verfügung gemäß § 127 ff. des citirten Gesetzes, neben der Klage die Beschwerde und gegen den in letzter Instanz ergangenen Bescheid die Klage bei dem Oberverwaltungsgerichte statt. Vgl. im Uebrigen wegen der Anfechtung des Vorbescheides Note 2 zu § 10, sowie den Erlaß der Herren Minister des Innern und der Landwirthschaft vom 12. Mai 1893 unten S. 123.

3) Gleichzeitig ergeht eine Entscheidung wegen der durch das Vorverfahren **entstandenen Kosten**, welche nach allgemeinen Rechtsgrundsätzen der Entscheidung in der Hauptsache zu entsprechen hat. Welche Kosten in Ansatz zu bringen sind, bestimmt § 11 des Gesetzes. Es kann nicht zweifelhaft sein, daß die Ortspolizeibehörde die entstehenden baaren Auslagen (Gebühren der Sachverständigen u. s. w.) zunächst aus ihren Mitteln vorzulegen hat, um sie demnächst von der zahlungspflichtigen Partei wieder einzuziehen. —

Auf die Unrichtigkeit der Bauerschen Ansicht (a. a. O. S. 38), nach welcher im Falle eines Vergleichs die Vorschriften des § 93 der Civilprozeßordnung für maßgebend erachtet werden sollen, ist schon oben S. 74 hingewiesen worden.

4) Der Vorbescheid ist in schriftlicher Ausfertigung den Betheiligten (zu denen der Jagdpächter nicht gehört, Note 6 zu § 7), nach Maßgabe der für Zustellungen des Kreisausschusses geltenden Bestimmungen **zuzustellen**. In dieser Beziehung bestimmt § 17

des Regulativs zur Ordnung des Geschäftsganges und des Verfahrens bei den Kreisausschüssen vom 28. Februar 1884: Alle Namens des Kreisausschusses zu bewirkenden Zustellungen erfolgen durch die eigenen Beamten desselben oder durch die demselben nachgeordneten Behörden (städtische Polizeiverwaltungen, Amtsvorsteher, Gemeindevorsteher, Gutsvorsteher) oder durch die Post. Im Uebrigen finden auf diese Zustellungen die Vorschriften des Nachtrages zu dem Regulativ für den Geschäftsgang bei dem Oberverwaltungsgerichte vom 22. September 1881 (MBl. f. d. i. V. 1882 S. 32),*) mit der Maßgabe, daß die Zustellungsurkunde

---

*) Nachtrag zu dem Regulative für den Geschäftsgang bei dem Oberverwaltungsgerichte vom $\frac{\text{30. Januar}}{\text{2. April}}$ 1878, betreffend die Zustellungen im Verwaltungsstreitverfahren, vom 22. September 1881.

An die Stelle des § 25 des Regulativs vom $\frac{\text{30. Januar}}{\text{2. April}}$ 1878 treten die nachstehenden Vorschriften:

I. Soweit das Gesetz nicht ein Anderes bestimmt, erfolgen die von Seiten des Oberverwaltungsgerichtes zu bewirkenden Zustellungen entweder durch die Post oder durch damit besonders beauftragte Beamte. Die erstere Art der Zustellung bildet die Regel.

II. Die Zustellungen für nicht prozeßfähige Personen erfolgen für dieselben an deren gesetzliche Vertreter. Bei Behörden, Gemeinden und Korporationen, sowie bei Personenvereinen, welche als solche klagen oder verklagt werden können, genügt die Zustellung an die Vorsteher.

Bei mehreren gesetzlichen Vertretern, sowie bei mehreren Vorstehern genügt die Zustellung an einen derselben.

III. Die Zustellung für einen Unteroffizier oder einen Gemeinen des aktiven Heeres oder der aktiven Marine erfolgt an den Chef der zunächst vorgesetzten Kommandobehörde (Chef der Kompagnie, Eskadron, Batterie u. s. w.).

IV. Die Zustellung kann an den Bevollmächtigten und, wenn dieselbe durch den Betrieb eines Handelsgewerbes veranlaßt ist, an den Prokuristen erfolgen.

Bei mehreren Bevollmächtigten, sowie bei mehreren Prokuristen, genügt die Zustellung an Einen derselben.

V. Sind Streitgenossen vorhanden, so ist die Ausfertigung einer ergangenen Entscheidung der Regel nach nur Einem derselben zuzustellen. Die übrigen Theilnehmer sind alsdann hiervon unter Beifügung einer Abschrift des Tenors der Entscheidung zu benachrichtigen.

Bei Streitgenossen, welche Deputirte aus ihrer Mitte bestellt haben, erfolgt die Zustellung der ergehenden Entscheidungen, Bescheide und Verfügungen nur an Einen derselben.

VI. Für die Ausführung der Zustellungen gelten die in §§ 165 bis 170 der Deutschen Civilprozeßordnung gegebenen Vorschriften. Im Falle des § 167 findet

durch eine beglaubigte Empfangsbescheinigung der zur Annahme legitimirten Person ersetzt werden kann, sinngemäße Anwendung.

---

jedoch die Niederlegung des zu übergebenden Schriftstückes nur bei der Ortsbehörde oder bei der Postanstalt des Zustellungsortes statt.

VII. An Sonntagen und allgemeinen Feiertagen darf eine Zustellung nur auf besondere Anweisung des Oberverwaltungsgerichtes erfolgen. Die Verfügung, durch welche diese Anweisung ertheilt wird, ist bei der Zustellung auf Erfordern vorzuzeigen. Eine Zustellung, bei welcher diese Bestimmungen nicht beobachtet sind, ist gültig, wenn die Annahme nicht verweigert ist.

VIII. Ueber die Zustellung ist eine Urkunde aufzunehmen, dieselbe muß enthalten:

1. Ort und Zeit der Zustellung;
2. die Bezeichnung des zuzustellenden Schriftstückes;
3. die Bezeichnung der Personen, an welche zugestellt werden soll;
4. die Bezeichnung der Person, welcher zugestellt ist; in den Fällen der §§ 166, 168, 169 der Deutschen Civilprozeßordnung die Angabe des Grundes, durch welchen die Zustellung an die bezeichnete Person gerechtfertigt wird; wenn nach § 167 a. a. O. verfahren ist, die Bemerkung, wie die darin enthaltenen Vorschriften nach Maßgabe der Nr. VI dieses Regulatives besorgt sind;
5. im Falle der Verweigerung der Annahme, die Erwähnung, daß die Annahme verweigert und das zu übergebende Schriftstück am Orte der Zustellung zurückgelassen ist;
6. die Bemerkung, daß das zuzustellende Schriftstück übergeben ist;
7. die Unterschrift des die Zustellung vollziehenden Beamten.

IX. Wird durch die Post zugestellt, so hat das Oberverwaltungsgericht einen durch sein Dienstsiegel verschlossenen, mit der Adresse der Person, an welche zugestellt werden soll, versehenen und mit einer Geschäftsnummer bezeichneten Briefumschlag, in welchem das zuzustellende Schriftstück enthalten ist, der Post mit dem Ersuchen zu übergeben, die Zustellung einem Postboten des Bestimmungsortes aufzutragen. Daß die Uebergabe in der bezeichneten Art geschehen, ist zu den Akten zu bescheinigen.

X. Die Zustellung durch den Postboten erfolgt in Gemäßheit der Bestimmungen zu VI. Ueber die Zustellung ist von dem Postboten eine Urkunde aufzunehmen, welche den Bestimmungen zu VIII, Nr. 1, 3 bis 5, 7 entsprechen und die Uebergabe des seinem Verschlusse, seiner Adresse und seiner Geschäftsnummer nach bezeichneten Briefumschlages bezeugen muß.

Die Urkunde ist von dem Postboten der Postanstalt und von dieser dem Oberverwaltungsgerichte zu überliefern.

XI. In den Fällen der §§ 182 bis 184 der Deutschen Civilprozeßordnung erfolgt die Zustellung in der dort vorgeschriebenen Weise.

Eine in einem andern Deutschen Staate zu bewirkende Zustellung erfolgt, sofern sie nicht nach den mit diesem bestehenden Vereinbarungen durch die Post ausführbar ist, mittels Ersuchens der zuständigen Behörde desselben.

Die Zustellung wird durch das schriftliche Zeugniß der ersuchten Behörden oder Beamten, daß die Zustellung erfolgt sei, nachgewiesen.

XII. Ist der Aufenthalt einer Partei unbekannt, so kann die Zustellung an dieselbe durch Anheftung des zuzustellenden Schriftstückes an der zu Aushängen des Oberverwaltungsgerichtes bestimmten Stelle erfolgen. Die Zustellung gilt als bewirkt, wenn seit der Anheftung zwei Wochen verstrichen sind. Auf die Gültigkeit der Zustellung hat es keinen Einfluß, wenn das Schriftstück von dem Orte der Anheftung zu früh entfernt wird.

Enthält das zuzustellende Schriftstück eine Ladung, so kann angeordnet werden, daß außerdem die ein- oder mehrmalige Einrückung eines Auszuges des Schriftstückes in die seitens des Oberverwaltungsgerichtes zu bestimmenden Blätter zu erfolgen habe.

In dem Auszuge des Schriftstückes müssen die Parteien, der Gegenstand des Streites, der Antrag, der Zweck der Ladung und die Zeit, zu welcher der Geladene vor dem Oberverwaltungsgerichte erscheinen soll, bezeichnet werden.

Die Ladung gilt in diesem Falle als an dem Tage zugestellt, an welchem seit der letzten Einrückung des Auszuges in die öffentlichen Blätter ein Monat verstrichen ist, sofern nicht durch das Oberverwaltungsgericht der Ablauf einer längeren Frist für erforderlich erklärt wird.

Diese Arten der Zustellung sind auch dann zulässig, wenn bei einer in einem andern Deutschen Staate oder im Auslande zu bewirkenden Zustellung die Befolgung der für diese bestehenden Vorschriften unausführbar ist, oder keinen Erfolg verspricht.

XIII. Ob auch in anderen als solchen Fällen, in welchem eine Frist in Frage steht, oder es sich um Zustellung einer Entscheidung, einer Ladung oder eines Schriftstückes handelt, an dessen Empfang sich gesetzlich oder richterlich bestimmte Folgen knüpfen, und demzufolge eine Zustellungsurkunde zu den Akten zu bringen ist, eine Zustellung (Benachrichtigung, Mittheilung) unter Beobachtung der Vorschriften zu I bis XII bewirkt werden soll, bleibt die Anordnung des Oberverwaltungsgerichtes im einzelnen Falle vorbehalten.

§ 10.

Gegen den Vorbescheid findet innerhalb zwei Wochen [1]) die Klage [2]) bei dem Kreisausschusse, in Stadtkreisen bei dem Bezirksausschusse [3]) statt.

Die Entscheidungen des Kreisausschusses und des Bezirksausschusses sind vorläufig vollstreckbar. [4])

Wird innerhalb der zwei Wochen die Klage nicht erhoben, so wird der Vorbescheid endgültig und vollstreckbar. [5])

1) Die **zweiwöchige Frist** für die Anstellung der im § 10 eingeführten Klage beginnt mit der Zustellung des Vorbescheides.

Für die Berechnung der Frist ist auf das zu § 2 Note 5 Gesagte zu verweisen. Hier findet § 52 des Ges. über die allg. Landesverwaltung vom 30. Juli 1883 (§ 200 Civilprozeßordnung) unmittelbare Anwendung. Eine am Montag den 2. März begonnene Frist würde am Montag den 16. März (Mitternacht) endigen. Fällt das Ende der Frist auf einen Sonntag oder allgemeinen Feiertag, so endigt die Frist mit dem Ablauf des nächstfolgenden Werktages.

Wegen Wiedereinsetzung in den vorigen Stand bei Verabsäumung der Klagefrist vgl. § 112 des vorerwähnten Gesetzes.

2) Der **nothwendige Inhalt der Klage** ist im § 63 des Ges. über die allg. Landesverwaltung vom 30. Juli 1883 angegeben: „In der Klage ist ein bestimmter Antrag zu stellen, und sind die Person des Beklagten, der Gegenstand des Anspruchs sowie die den Antrag begründenden Thatsachen genau zu bezeichnen." (Vgl. jedoch auch § 71 ebenda.)

Die Klage ist bei dem zuständigen Gerichte schriftlich einzureichen. Die Klage beim **Kreisausschusse** kann auch zu Protokoll erklärt werden.

In gewissen Fällen ist statt der Klage nur die Anrufung der Aufsichtsbehörde zulässig. Schultzenstein hebt in dieser Beziehung mit Recht hervor, daß es für die Frage, welcher von beiden Rechtsbehelfen im Einzelfalle gegen einen ablehnenden Vorbescheid Anwendung finde, auf den Grund der Ablehnung ankomme. Er bemerkt hierüber a. a. O. S. 367 folgendes: „Enthält nach ihren Gründen die Ablehnung eine Entscheidung über den Anspruch selbst, so ist nicht die Anrufung der Aufsichtsbehörden, sondern nur und sofort die Klage, im anderen Falle ist nicht die Klage, sondern blos die Anrufung der Aufsichtsbehörden zulässig.

Die Ablehnung der Vornahme von Ermittelungen und des Erlasses eines Vorbescheides aus sachlichen, den Anspruch selbst treffenden Gründen — das Hauptbeispiel ist, daß einer der Fälle, in welchen das Gesetz einen Anspruch allein gewährt, überhaupt nicht vorhanden sei, — steht inhaltlich einem direkt den Anspruch abweisenden Vorbescheide gleich. Diese Gleichstellung auch in Ansehung der Anfechtbarkeit anzunehmen, macht der Wortlaut des Gesetzes nicht unmöglich. Denn wenn das Gesetz die Klage gegen den Vorbescheid giebt, so hindert das noch nicht, sie gegen einen Bescheid, der dem Vorbescheide völlig gleich steht, als ebenfalls gegeben anzusehen. Es ist ferner nicht abzusehen, weshalb die Ortspolizeibehörde auch dann, wenn nach ihrer Ansicht kein Anspruch besteht, sollte Ermittelungen vornehmen müssen, die sie nicht benutzen will und von ihrem Standpunkte aus nicht benutzen kann. Selbst bei den widersinnigsten Ansprüchen müßten sonst Ermittelungen stattfinden. Endlich kann es kein Bedenken haben, bei einem in solcher Weise ablehnenden Bescheide den Abs. 3 des § 10 des Gesetzes, der im Punkte der Vollstreckbarkeit bei den nach stattgehabten Ermittelungen den Anspruch ablehnenden Vorbescheiden doch auch blos für die Kosten Bedeutung hat, ebenfalls zur Anwendung zu bringen.

Jede andere Ablehnng kann nur durch Anrufung der Aufsichtsbehörden angefochten werden. Hier vermag dasjenige, was gegen die Zulässigkeit dieser Anrufung geltend gemacht worden ist, nicht durchzuschlagen. Man denke z. B. an den Fall, daß die Ortspolizeibehörde ablehnt, in Thätigkeit zu treten, weil sie keine Zeit habe. Solche mit einer Verweigerung oder Verzögerung der Rechtspflege gleichbedeutenden Fälle gehören recht eigentlich in das Gebiet der Aufsicht (vgl. § 85 des Ausführungsgesetzes vom 24. April 1878 zum deutschen Gerichtsverfassungsgesetz).

Ein Beispiel von Ablehnung der Vornahme der Ermittelungen und des Erlasses eines Vorbescheides liefert das Gesetz selbst durch den Fall, wenn die Anmeldung nicht rechtzeitig erfolgt ist. Hier ist nach dem klaren Wortlaute des § 7, zufolge dessen nur nach rechtzeitig erfolgter Anmeldung, also nicht auch bei Versäumung der Anmeldung, Termin anberaumt werden soll u. s. w., ein Ermittelungsverfahren nicht nothwendig. Es handelt sich dabei um eine Ablehnung, die dem Vorbescheide gleichzustellen ist; sie bringt zum Ausdrucke, daß ein Ersatzanspruch nicht mehr vorhanden ist, was dem Fehlen eines solchen von vornherein gleichbedeutend ist. Wenn dort die Ermittelung unterbleiben darf, so muß sie auch hier unterbleiben dürfen. Das Gesetz selbst bestätigt somit wenigstens von den gemachten diesseitigen Ausführungen die, daß die Ortspolizeibehörde nicht unbedingt verpflichtet ist, das

Ermittelungsverfahren vorzunehmen, sondern ohne dasselbe eine sachliche, den Anspruch treffende und deshalb einem nach Vornahme von Ermittelungen erlassenen Vorbescheide gleichwerthige Entscheidung treffen kann.

Besonderer Erwähnung bedarf noch der Fall der Ablehnung wegen Unzuständigkeit. Dabei ist klar, daß bei Ablehnnng wegen sachlicher Unzuständigkeit, also wenn z. B. ein Amtsvorsteher seine Thätigkeit versagt, weil nach seiner Ansicht die Amtsvorsteher nicht zu den Ortspolizeibehörden im Sinne des § 10 des Gesetzes zu rechnen seien, keine Entscheidung über den Ersatzanspruch getroffen ist, also nicht die Klage, sondern allein die Beschwerde bei der Aufsichtsinstanz stattfindet. Das Gleiche muß bei Ablehnung wegen örtlicher Unzuständigkeit gelten, da auch hierbei keine sachliche Entscheidung ergeht.*) Uebrigens werden Ablehnungen wegen Unzuständigkeit sehr selten vorkommen, und es erscheint gerade bei ihnen nach ihrer Natur auch der Schutz durch die Aufsichtsbehörde ausreichend."

3) Bezüglich der **örtlichen Zuständigkeit des Kreisausschusses** bezw. des **Bezirksausschusses** ist § 57 Ziffer 1 des Ges. über die allg. Landesverwaltung vom 30. Juli 1883 für maßgebend zu erachten: „Zuständig ist in Angelegenheiten, welche sich auf Grundstücke beziehen, die Behörde der belegenen Sache".

4) Auf Grund der Entscheidung des Kreisausschusses (bezw. Bezirksausschusses) kann auch schon **vor der Rechtskraft die Zwangsvollstreckung** gegen den zur Leistung des Schadensersatzes Verurtheilten stattfinden. Die Zwangsvollstreckung erfolgt in Gemäßheit des § 60 des Gesetzes über die allg. Landesverwaltung vom 30. Juli 1883 nach den Bestimmungen der Verordnung vom 7. September 1879 (G.S. S. 591). Vergl. dazu die Anweisung vom 15. September 1879, von Brauchitsch, Verwaltungsgesetze

*) Das für die Entscheidungen der Gemeindebehörden über Streitigkeiten zwischen selbstständigen Gewerbetreibenden und ihren Arbeitern ergangene Urtheil vom 24. September 1874 in den Entscheidungen des Reichs-Oberhandelsgerichts Bd. 14 S. 79 steht nicht entgegen. Es betrifft nur die Frage, ob die Vorentscheidung nach Ablauf der Klagefrist noch wegen Inkompetenz angefochten werden kann, und verneint mit Recht diese Frage.

S. 520 ff. Die Vollstreckung wird Namens der Behörde, welche in erster Instanz entschieden hatte, von deren Vorsitzenden verfügt. Ueber Beschwerden gegen die Verfügungen des Vorsitzenden entscheidet die Behörde. Gegen die Entscheidung der Behörde findet innerhalb 2 Wochen die Beschwerde an die im Instanzenzuge zunächst höhere Behörde statt. Auf diesem Wege würde eventuell auch über die Anträge auf Erlaß solcher Maßregeln zu befinden sein, welche für das gerichtliche Zwangsvollstreckungsverfahren bei vorläufig vollstreckbaren Urtheilen durch die §§ 651 ff. der Civilprozeßordnung gewährt worden sind. Ob diesen Anträgen stattgegeben werden kann, richtet sich selbstverständlich nach den für das Verwaltungszwangsverfahren gegebenen Vorschriften. Es wäre daher nicht unzweckmäßig gewesen, wenn die betreffenden Bestimmungen der Civilprozeßordnung hier eine direkte Aufnahme in das Gesetz gefunden hätten.

Die Zwangsvollstreckung gegen die Grundbesitzer in einem gemeinschaftlichen Jagdbezirke, bezüglich deren zunächst eine Repartition des Schadensersatzes einzutreten hat würde durch Vermittelung der vorgesetzten Aufsichtsbehörde zu erfolgen haben. (Vgl. im Uebrigen die Note 3 zu § 2 S. 78 u. folgende.)

5) Wird innerhalb der 2 Wochen (vergl. Note 1) die Klage nicht erhoben (vergl. Note 2), so wird der **Vorbescheid endgültig und vollstreckbar.** Die Zwangsvollstreckung erfolgt nach Maßgabe der Verordnung vom 7. September 1879, G.S. S. 591.

§ 11.

Als Kosten des Verfahrens kommen nur baare Auslagen, insbesondere Reisekosten und Gebühren der Sachverständigen, Botenlöhne und Portokosten in Ansatz.[1]) Die Kosten des Vorverfahrens werden als Theil der Kosten des Verwaltungsstreitverfahrens behandelt.[2])

1) Um das Verfahren (§ 6—10) möglichst billig zu gestalten, ist bestimmt worden, daß als Kosten des Verfahrens nur baare

Auslagen in Ansatz kommen sollen. Dahin gehören insbesondere die Gebühren uud bezw. Reisekosten der Sachverständigen, Botenlöhne, Portokosten u. dergl. (Vgl. § 9 Anmerkung 3.)

2) Der 2. Satz des § 11 ist dem § 638 der Civil-Prozeß-Ordnung (§ 467 ebd.) nachgebildet.

§ 12.*)

Ist während des Kalenderjahres wiederholt durch Roth- oder Damwild[1]) verursachter Wildschaden durch die Ortspolizeibehörde festgestellt worden,[2]) so muß[3]) auf Antrag[4]) des Ersatzpflichtigen oder der Jagdberechtigten die Aufsichtsbehörde sowohl für den Betroffenen, als auch nach Bedürfniß[5]) für benachbarte Jagdbezirke die Schonzeit der schädigenden Wildgattung[6]) für einen bestimmten Zeitraum aufheben[7]) und die Jagdberechtigten zum Abschuß auffordern und anhalten.[8])

*) Vgl. zu § 12 die ausführlichen Erörterungen im § 6 der Einleitung (S. 40 folgende), aus denen sich ergiebt, daß von Wildschadensfeststellungen auf Eigenjagdbezirken im § 12 nicht die Rede ist.

1) Die gemäß § 12 zu erfolgende Aufhebung der Schonzeit findet nur dann statt, wenn festgestellt ist, daß der Wildschaden durch **Roth- oder Damwild** verursacht worden ist. Die Feststellung eines anderen Wildschadens (durch Rehe und Fasanen) gestattet die Anwendung der im § 12 vorgesehenen Maßregeln nicht.

2) Wie der Abg. Bohtz im Eingang seiner oben (S. 44) mitgetheilten Rede mit Recht angedeutet hat, bezieht sich der § 12 auf den § 7 und nicht auf den § 9 des Gesetzes, d. h. es ist zur Anwendbarkeit des § 12 zwar unbedingt erforderlich, daß in dem nach Maßgabe der §§ 6 folgende stattfindende Vorverfahren Seitens der Ortspolizeibehörde in einem gemeinschaftlichen Jagdbezirke (resp. auf der Enklave) mehr als einmal Wildschaden festgestellt ist, welcher durch Roth- und Damwild verursacht worden ist; es ist aber nicht unbedingt erforderlich, daß diese thatsächliche

Wildschadensfeststellung in einem Vorbescheide zum urkundlichen Ausdruck gekommen ist. Hat der Ersatzberechtigte nach der Feststellung des Wildschadens an Ort und Stelle auf den Ersatz-Anspruch verzichtet, oder haben die Parteien sich verglichen, so bedarf es zwar keines Vorbescheides (oben § 9 Anm. 1); aber dadurch kann die Wirkung der thatsächlich erfolgten Wildschadensfeststellung nicht beseitigt werden, welche dieselbe nach dem klaren Wortlaut des § 12 auf die Gewährung der dort vorgesehenen Vorbeugungsmaßregeln ausüben soll. Der mangelnde Vorbescheid würde nöthigen Falls durch eine Bescheinigung der Ortspolizeibehörde zu ersetzen sein.

Der Umfang des Schadens zur Zeit der Feststellung ist irrelevant; es muß nur (eventuell durch die stattgehabte Beweisaufnahme) Seitens der Ortspolizeibehörde wirklicher Schaden festgestellt sein, wenn auch der volle Schaden sich zur Zeit der Feststellung noch nicht in seiner ganzen Ausdehnung übersehen läßt.

Die Möglichkeit einer Kollusion zwischen dem Ersatzpflichtigen und dem Ersatzberechtigten zum Zwecke der Erlangung der Abschußermächtigung, auf welche die Schultzensteinschen Ausführungen (a. a. O. S. 614) hinweisen, ist zwar an und für sich nicht ausgeschlossen. Allein praktisch hat diese Möglichkeit wenig Bedeutung. Dafür bürgt schon die im § 7 vorgeschriebene Augenscheinseinnahme an Ort und Stelle. Es kommt hinzu, daß bei den Wildschäden in gemeinschaftlichen Jagdbezirken die eine der Parteien durch einen öffentlichen Beamten (die Gemeindebehörde) vertreten wird, und daß bei hohen Jagdpachteinnahmen die ersatzpflichtigen Grundbesitzer selbst ein Interesse daran haben, daß die Jagd nicht durch willkürliche Aufhebung der Schonzeit ruinirt wird.

Im Uebrigen genügt es auf die Ausführungen im § 6 der Einleitung Bezug zu nehmen.

3) Liegen die vorstehend erwähnten Voraussetzungen vor, und kommt auch noch der Antrag der Ersatzpflichtigen oder der Jagdberechtigten hinzu (Note 4), so muß die Aufsichtsbehörde (der Landrath, in Stadtkreisen die Ortspolizeibehörde, § 103 des

Zuständigkeitsgesetzes vom 1. August 1883, in Hohenzollern der Oberamtmann, § 5 des Gesetzes über die allg. Landesverwaltung vom 30. Juli 1883) für den von Wildschaden betroffenen Jagdbezirk die Schonzeit unbedingt aufheben; sie hat insoweit keinerlei freies Ermessen. Hierdurch unterscheidet sich die Vorschrift des § 12 wesentlich von den Schutz-Bestimmungen der §§ 23 und 24 des Jagdpolizeigesetzes, deren fortdauernde Gültigkeit — neben dem gegenwärtigen Gesetze — übrigens nicht bestritten werden kann.*) Was dagegen die gleichzeitige Aufhebung der Schonzeit für einen oder mehrere benachbarte Jagdbezirke angeht, so ist hier das Bedürfniß maßgebend, und entscheidet über die Bedürfnißfrage die Aufsichtsbehörde nach pflichtmäßigem Ermessen.

4) Eine fernere Voraussetzung der in § 12 vorgesehenen Maßnahmen bildet der Antrag der Ersatzpflichtigen oder der Jagdberechtigten. Zu den Jagdberechtigten gehört nicht bloß der Jagdpächter des gemeinschaftlichen Jagdbezirks, sondern auch der Inhaber der Jagd in den **benachbarten** Jagdbezirken. Dies bestätigt die Entstehungsgeschichte des § 12. Die Kommission des Abgeordnetenhauses hatte dem § 4 des Antrages des Abg. Conrad vom 6. Februar 1890 (Nr. 45 der Drucksachen) folgende Fassung gegeben (Nr. 181 der Drucksachen): „§ 4. Sind Grundstücke erheblicher Beschädigung durch Wild der im § 1 genannten Arten ausgesetzt, so kann den auf denselben und den in den benachbarten Jagdbezirken zur Jagd Berechtigten auf ihren Antrag für eine bestimmte Zeit gestattet werden, während der Schonzeit die schädigende Wildgattung abzuschießen.“ In dieser Fassung wurde die fragliche Bestimmung auch in den Antrag des Abg. Conrad vom 19. November 1890 als § 7 aufgenommen (Nr. 16 der Drucksachen). Die Kommission des Abgeordnetenhauses änderte sodann den Paragraph dahin ab: Sind Grundstücke erheblicher Beschädigung durch Roth- und Damwild ausgesetzt, so muß den auf denselben und den in den benachbarten Jagdbezirken zur Jagd Berechtigten auf ihren Antrag

*) Wegen des § 15 des Wildschadengesetzes vgl. das Rescript vom 25. April 1871, M.Bl. f. d. i. Verwaltung S. 228.

für eine bestimmte Zeit gestattet werden, während der Schonzeit die schädigende Wildgattung abzuschießen (Nr. 72 der Drucksachen). In dieser Fassung gelangte der Paragraph, nunmehr als § 8, in das Herrenhaus, welches die gedachte Bestimmung im § 14 seines Entwurfs folgender Maßen formulirte:

„§ 14. Ist während des Kalenderjahres wiederholt durch Roth- oder Damwild verursachter Wildschaden festgestellt worden, so muß auf Antrag der Ersatzpflichtigen den Jagdberechtigten und den Jagdberechtigten angrenzender Waldreviere auf deren Antrag für eine bestimmte Zeit auch während der Schonzeit gestattet werden, die schädigende Wildart abzumindern. Die Genehmigung erfolgt durch den Landrath. Gegen die abweisende Verfügung ist nur die Beschwerde bei der Aufsichtsbehörde zulässig." (Nr. 94 der Drucksachen.)

Der Antrag des Freiherrn v. Huene vom 10. Juni 1891 (Nr. 411 der Drucksachen) gab sodann dem § 14 des Herrenhausentwurfs diejenige Fassung, welche (bis auf das gestrichene Allegat „§ 11") der § 12 des gegenwärtigen Gesetzes enthält.

Die Frage, ob im Falle eines Jagdpachtvertrages der Jagdverpächter neben dem Jagdpächter zur Stellung des Antrags im Sinne des § 12 berechtigt ist (beziehungsw., ob er nach den letzten Worten des § 12 zum Abschuß angehalten werden kann — das Wort „Jagdberechtigte," in demselben Paragraphen mehrmals gebraucht, wird doch wohl auf dieselben Personen zu beziehen sein —), läßt sich in der von Berger a. a. O. S. 91 entwickelten Weise nicht beantworten. Was der Abgeordnete Bohtz in dieser Beziehung gemeint hat, erscheint völlig gleichgültig. Eher dürfte es auf den Inhalt des Jagdpachtvertrages ankommen.

5) Die Aufhebung der Schonzeit bezieht sich nur auf die schädigende Wildgattung, also entweder auf Roth- oder auf Damwild oder gleichzeitig auf beide Wildgattungen, niemals aber auf anderes Wild.

6) Die Aufhebung der Schonzeit erfolgt für einen bestimmten Zeitraum; die Festsetzung derselben ist dem pflichtmäßigen Ermessen der Aufsichtsbehörde überlassen.

7) Die Aufsichtsbehörde hat die Jagdberechtigten zum Abschuß der schädigenden Wildgattung aufzufordern und nöthigenfalls anzuhalten. Die Aufsichtsbehörde ist demnach verpflichtet, die Ausführung der von ihr angeordneten Maßregeln zu kontrolliren und erforderlichen Falls durch Anwendung von Zwangsmitteln (§ 132 ff. des Gesetzes über die allg. Landesverwaltung vom 30. Juli 1883) durchzusetzen.

8) Die Beschwerde gegen die auf Grund der §§ 12 und 13 des Gesetzes ergangenen Anordnungen des Landraths resp. der Ortspolizeibehörde geht an den Bezirksausschuß, dessen Entscheidung endgültig ist. Die Frist der Beschwerde ist eine zweiwöchige, vgl. § 103 Abs. 2 des Zuständigkeitsgesetzes vom 1. August 1883.

§ 13

Genügen diese Maßregeln nicht,[1]) so hat[2]) die Aufsichtsbehörde den Grundbesitzern und sonstigen Nutzungsberechtigten selbst nach Maaßgabe der §§ 23 und 24 des Gesetzes vom 7. März 1850 (Gesetz-Samml. S. 165)[3]) die Genehmigung zu ertheilen, das auf ihre Grundstücke übertretende Roth- und Damwild auf jede erlaubte Weise[4]) zu fangen,[5]) namentlich auch mit Anwendung des Schießgewehres zu erlegen.[6])

1) Bevor die nach § 13 zulässigen weiteren Maßnahmen angeordnet werden dürfen, müssen zunächst die Maßregeln des § 12 erschöpft sein. Es ist daher unstatthaft, den Abschuß des Roth- und Damwilds auf dem von Wildschaden betroffenen Jagdbezirk zu gestatten, und dann mit Uebergehung der Aufhebung der Schonzeit für die benachbarten Jagdbezirke sogleich den Grundbesitzern und sonstigen Nutzungsberechtigten die im § 13 gedachte Genehmigung zu ertheilen. Zunächst muß auch für die benachbarten Jagdbezirke die Schonzeit des Roth- resp. Damwilds aufgehoben und müssen die Zwangsmaßregeln gegen die Jagdberechtigten angewandt sein.

2) Wenn aber die im § 12 gedachten Maßregeln nicht genügen, um die Wiederholung von Wildschaden durch Roth- resp. Damwild auszuschließen, dann hat die Aufsichtsbehörde (vgl. § 12 Note 4) die Verpflichtung, den Grundbesitzern und den sonstigen Nutzungsberechtigten (dem Pächter, Nießbraucher u. s. w. siehe oben Note 4 zu § 1) die Genehmigung zu ertheilen, das übertretende Roth- und resp. Damwild selbst zu fangen, resp. zu erlegen. In der Statuirung dieser Verpflichtung liegt eine bewußte Verschärfung des sonst in unveränderter Geltung gebliebenen § 23 des Jagdpolizeigesetzes.

Die Ansicht Berger's (a. a. O. S. 103 f.), daß durch eine Bemerkung des Abgeordneten v. Huene eine weitgehende Auslegung des § 13 möglich geworden, beruht auf einer Ueberschätzung der Bedeutung solcher Aeußerungen für die Gesetzesinterpretation.

3) Wegen der Beschwerde gegen die Verfügung der Aufsichtsbehörde vgl. § 12 Note 8.

4) „**auf jede erlaubte Weise**". Bezüglich der Art und Weise, wie das Fangen und Erlegen des übertretenden Roth- und Damwilds zu geschehen hat, unterliegen die mit der behördlichen Genehmigung versehenen Grundbesitzer und Nutzungsberechtigten denselben Vorschriften, welchen auch der Jagdberechtigte unterworfen ist. In dieser Beziehung kommt zunächst die generelle Vorschrift des § 4 des Gesetzes vom 31. Oktober 1848 in Betracht:

„Die Grundbesitzer sind in der Ausübung der Jagd nur beschränkt durch die allgemeinen und die besonderen jagdpolizeilichen Vorschriften, welche den Schutz der öffentlichen Sicherheit und die Schonung der Feldfrüchte bezwecken."

Zu den ersteren gehören:

a. § 58 Th. II Tit. 16 A.L.R.: „Auch ein Jagdberechtigter darf kein Selbstgeschoß legen."

b. § 59 ebenda: „Fuchseisen oder Schlingen dürfen nur an abgelegenen Orten und mit solcher Vorsicht, daß dadurch weder Menschen noch Vieh, ohne eigenes grobes Versehen der ersteren, zu Schaden kommen können, gelegt werden." (Th. I Tit. 9, §§ 152, 153.)

c. § 367 Nr. 8 des R.St.G.B.:

Mit Geldstrafe bis zu 150 Mk. oder mit Haft wird bestraft: 8. wer ohne polizeiliche Erlaubniß an bewohnten oder von Menschen besuchten Orten Selbstgeschosse, Schlageisen oder Fußangeln legt, oder an solchen Orten mit Feuergewehr oder anderem Schießwerkzeuge schießt, oder Feuerwerkskörper abbrennt.

d. § 368 Nr. 7 ebenda:

Mit Geldstrafe bis zu 60 Mark oder mit Haft bis zu vierzehn Tagen wird bestraft: 7. wer in gefährlicher Nähe von Gebäuden oder feuerfangenden Sachen mit Feuergewehr schießt oder Feuerwerke abbrennt.

5) Hinsichtlich der Frage, ob das gefangene oder erlegte Wild dem Grundbesitzer und Nutzungsberechtigten verbleibt oder an den Jagdpächter herauszugeben ist, ist auf § 23 letzter Satz und § 24 vorletzter Satz des Jagdpolizeigesetzes zu verweisen. (Oben S. 17 u. 18.) Nur dem Enklavenbesitzer verbleibt im Falle des § 24 cit. das Eigenthum an dem gefangenen oder erlegten Wilde; der (sonstige) Grundbesitzer resp. Nutzungsberechtigte muß dasselbe gegen Bezahlung des üblichen Schußgeldes dem Jagdpächter überlassen und die desfallsige Anzeige binnen 24 Stunden erstatten. Der Jagdpächter ist übrigens verpflichtet, sich das Wild abzuholen. (Ebenso Kohli, die preußischen Jagdgesetze, Berlin 1891, S. 69 Anmerk. 102.)

6) Die von der Aufsichtsbehörde ertheilte Legitimation vertritt die Stelle des Jagdscheins; § 24 letzter Satz des Jagdpolizeigesetzes. (Oben S. 18.)

§ 14.

Schwarzwild darf nur in solchen Einfriedigungen gehegt werden, aus denen es nicht ausbrechen kann.[1]) Der Jagdberechtigte, aus dessen Gehege Schwarzwild austritt, haftet für den durch das ausgetretene Schwarzwild verursachten Schaden.[2])

Außer dem Jagdberechtigten darf jeder Grundbesitzer oder

Nutzungsberechtigte[3]) innerhalb seiner Grundstücke Schwarzwild auf jede erlaubte Art fangen, tödten und behalten.[4])

Die Aufsichtsbehörde kann die Benutzung von Schießwaffen für eine bestimmte Zeit gestatten.[5])

Die Aufsichtsbehörde hat außerdem zur Vertilgung uneingefriedigten Schwarzwildes alles Erforderliche anzuordnen, sei es durch Polizeijagden, sei es durch andere geeignete Maßregeln oder Auflagen an die Jagdberechtigten des Bezirks und der Nachbarforsten.[6])

1) Der § 14 ist dem ursprünglichen Entwurf des Abgeordnetenhauses entnommen. Das Herrenhaus hatte denselben gestrichen, er wurde aber im Abgeordnetenhause bei der Berathung des vom Herrenhause zurückgelangten Entwurfs von neuem wieder aufgenommen. Der Kommiss.-Bericht des Abgeordnetenh. vom 30. Januar 1891 bemerkt: „Bezüglich der Behandlung des Schwarzwildes, welches unzweifelhaft von allen Wildgattungen den meisten Anlaß zu Wildschadenklagen giebt, wünschen sämmtliche Mitglieder die Anwendung möglichst erfolgreicher Vorbeugungsmaßregeln. Für die Vorschrift, daß Schwarzwild nur in eingegatterten Sauparks gehalten werden darf, waren für die Kommission dieselben Erwägungen maßgebend, welche bei Berathung der Jagdordnung im Jahre 1884 das Abgeordnetenhaus zu dem gleichen Beschlusse (§ 62) geführt haben.“ (K.B. S. 16.)

2) Der 2. Satz des ersten Absatzes ist auf den Antrag des Abg. Rintelen hinzugefügt, weil es für zweifelhaft erachtet wurde, ob ohne eine solche ausdrückliche Bestimmung der Jagdberechtigte, aus dessen Gehege Schwarzwild austritt, für den durch das ausgetretene Wild verursachten Schaden haften würde. Die Verfolgung dieses Wildschadens unterliegt nicht den formellen Bestimmungen der §§ 6 und folgende, über einen derartigen Ersatzanspruch haben auch nicht die Verwaltungsgerichte, sondern die ordentlichen Gerichte zu entscheiden. (Siehe oben S. 70.)

Ueber die verschiedenen Gerichtsstände vgl. Schultzenstein a. a. O. S. 361.

3) Mit Rücksicht auf die eigenartige Natur des Schadens durch Schwarzwild, welcher sich bald auf den Grund und Boden, bald auf die Früchte resp. auf beides gleichzeitig erstreckt, ist hier neben dem Nutzungsberechtigten auch der Grundbesitzer genannt worden.

4) Bezüglich der Behandlung des uneingefriedigten Schwarzwildes bestanden in der Kommission des Abgeordnetenhauses verschiedene Ansichten. Der ursprüngliche Vorschlag, demselben die Eigenschaft als jagdbares Wild zu entziehen und es dem freien Thierfang zu unterstellen, wurde schließlich abgelehnt, theils deshalb, weil unter dem Vorwande Wildschweine zu erlegen, leicht sonstige Jagdkontraventionen verübt werden könnten, theils mit Rücksicht auf den § 368 Nr. 10 des Strafgesetzbuches, wonach es verboten ist, daß Jemand selbst zum Zweck des freien Thierfangs sich auf einem fremden Jagdgebiet in Jagdausrüstung, also mit Schießgewehr oder Schlingen, betreffen läßt. „Ohne Schießgewehr würde ihm aber das Erlegen von Wildschweinen sehr schwer fallen. Hingegen wurde (auch ohne Ermächtigung der Aufsichtsbehörde, und ohne daß bereits Beschädigungen vorhergegangen zu sein brauchen) den Nutzungsberechtigten die Befugniß gegeben, die auf ihren Grundstücken betroffenen Wildschweine in Gruben oder sonst erlaubter Weise zu fangen, zu tödten und zu behalten.“ (K.B. S. 16.)

Nach dieser Begründung ist anzunehmen, daß das Abgeordnetenhaus in beiden Fällen — Absatz II und Absatz III des § 14 — die Lösung eines Jagdscheins nicht für erforderlich gehalten hat. Da dies jedoch nicht ausdrücklich ausgesprochen ist, so erscheint die Lösung eines Jagdscheins jedenfalls räthlich; vgl. § 14 des Jagdpolizeigesetzes, Goltd. Archiv Bd. 15 S. 77 folgende. In der Zeitschrift für das Forst- und Jagdwesen 1891 S. 756 hat sich Dickel für die Nothwendigkeit der Lösung eines Jagdscheins ausgesprochen.

Ueber die Bedeutung der Worte „**erlaubte Art**“ vgl. das zu § 13 Note 4 Gesagte.

5) Die Versagung der Schießerlaubniß wird jedenfalls eintreten, wenn die Voraussetzungen des § 15 des Jagdpolizeigesetzes vom 7. März 1850 a und b vorliegen, siehe unten § 16 Note 5.

6) Endlich ist der Aufsichtsbehörde auch die Pflicht auferlegt, uneingefriedigtes Schwarzwild von Amtswegen auszurotten unter Ertheilung der dazu nöthigen Machtvollkommenheit. (K.B. S. 16.) Aus dem Gatter ausgebrochenes Schwarzwild ist mit Berger (a. a. O. S. 115) unbedenklich zu dem „uneingefriedigten" zu rechnen.

§ 15.

Wilde Kaninchen unterliegen dem freien Thierfange, mit Ausschluß des Fangens mit Schlingen.

1) Der § 15 hatte in dem ursprünglichen Entwurfe des Abgeordnetenhauses folgende Fassung: „Wilde Kaninchen unterliegen dem freien Thierfange" (§ 12 des Entwurfs). Hierzu bemerkte der K.B. des Abgeordnetenhauses vom 30. Januar 1891 S. 16: „Die Kaninchen sind nur noch in einzelnen Theilen der Provinz Sachsen und Westfalen dem Jagdrecht unterstellt. Wegen ihrer außerordentlichen Schädlichkeit ist ihnen die Eigenschaft als jagdbares Wild überall genommen, und sind sie dem freien Thierfang unterworfen worden. Daraus folgt die Befugniß der Aufsichtsbehörde, nöthigenfalls ihre Vertilgung von Amtswegen anzuordnen." Der § 12 des Entwurfes wurde dann vom Herrenhause gestrichen, demnächst aber vom Abgeordnetenhause als § 15 in der jetzigen Fassung wieder hergestellt. Die gegenwärtige Fassung ist doppelsinnig. Es ist aber unbedenklich, daß der Gesetzgeber hat sagen wollen: Das wilde Kaninchen unterliegt dem freien Thierfange, doch ist es verboten, dasselbe mit Schlingen zu fangen. In dieser Fassung erscheint allerdings der § 15 als eine lex imperfecta. Das Fangen des Kaninchens mit Schlingen ist verboten, es ist aber für die Zuwiderhandlung keine Strafe festgesetzt. Die §§ 292 und folgende des St.G.B. sind nicht anwendbar, da sich dieselben nur auf jagdbares Wild beziehen. (Vgl. Entsch. des Reichsgericht in Strafsachen Bd. 5 S. 85.) § 368 Nr. 10 des St.G.B. bezieht sich nur auf den zur Ausübung der Jagd nicht Berechtigten, trifft aber nicht den Jagdberechtigten. Mit Rücksicht auf das gesetzliche Verbot ist indessen

die Zulässigkeit des Erlasses einer Polizeiverordnung, durch welche das Fangen der Kaninchen mit Schlingen unter Strafe gestellt wird, unbedenklich. (Entsch. des Obertribunals Bd. 31. S. 314.) Das Reichsstrafrecht dürfte dem Erlasse einer solchen Polizeiverordnung nicht im Wege stehen.

2) Sowohl im Abgeordnetenhause als im Herrenhause ist die Frage aufgeworfen worden, ob in Folge der Bestimmung des § 15 nunmehr jeder den Kaninchenfang in uneingeschränkter Weise namentlich auch mittelst Schießgewehres (nur nicht mit Schlingen) ausüben dürfe? Hierauf ist zu erwidern: Der § 368 Ziffer 10 des St.G.B. findet trotz des § 15 auch auf denjenigen Anwendung, welcher in der Absicht, Kaninchen zu fangen oder zu erlangen, sich ohne Genehmigung des Jagdberechtigten oder ohne sonstige Befugniß auf ein fremdes Jagdgebiet außerhalb des öffentlichen Weges mit einem nicht gehörig verbundenen oder verpackten Gewehre begiebt. Das Reichsgericht bemerkt in der Entscheidung vom 7. Januar 1884 zu § 368 Ziffer 10 cit. Folgendes:

„Zur Jagd ausgerüstet im Sinne dieser Vorschrift ist nicht derjenige, der durch seine äußere Ausrüstung zu erkennen giebt, daß er jagen wolle, sondern, wer ein zur Jagdausübung geeignetes Werkzeug, insbesondere ein Schießgewehr, in einem solchen Zustande mit sich führt, daß von demselben bei sich darbietender Gelegenheit sofort zum Zwecke der Ausübung Gebrauch gemacht werden kann." (Entsch. d. R.G. Bd. 9 S. 413.) Es finden aber auch weiterhin auf den Kaninchenfang alle diejenigen Vorschriften des Strafgesetzbuchs und des Feld- und Forstpolizeigesetzes Anwendung, welche zum Schutze der Forsten, Wiesen und Aecker erlassen, und namentlich gegen das unbefugte Betreten fremder Grundstücke gerichtet sind. (Vgl. auch die Note 4 zu § 13.)

3) Durch § 15 des Gesetzes ist an der Bestimmung des § 23 Absatz II des Jagdpolizeigesetzes vom 7. März 1850 betreffend den Schutz gegen das Ueberhandnehmen der Kaninchen nichts geändert, da § 23 Abs. II cit. sich ganz allgemein auf wilde Kaninchen bezieht, unbekümmert um die Frage, ob sie als jagdbares Wild gelten oder nicht. (Resc. vom 25. April 1871 B.M.Bl. S. 228.)

Der nicht jagdberechtigte Grundbesitzer resp. Nutzungsberechtigte würde sich demnach gegen die Schädigungen durch Kaninchen schützen können: durch Vertilgung derselben unter Anwendung von Frettchen, sofern die Kaninchen nicht ihre Baue auf den angrenzenden Ländereien haben und lediglich auf das Gebiet des nicht jagdberechtigten Grundbesitzers übertreten; ferner durch Abschießen, sofern der Jagdberechtigte die Erlaubniß zum Gebrauch der Schießwaffe ertheilt, in welchem Falle die Anwendbarkeit des § 368 Nr. 10 des Strafgesetzbuches ausgeschlossen ist; endlich würde er den Schutz des § 23 des Jagdpolizeigesetzes anrufen können, wofern die dort vorgesehenen Voraussetzungen zutreffen.

4) Der Ober-Präsident der Provinz Sachsen hat folgende Polizeiverordnung, betr. den Kaninchenfang erlassen: § 1. Das Fangen wilder Kaninchen mit Schlingen ist verboten. § 2. Wer fremde Grundstücke zum Zwecke des Fangens von wilden Kaninchen betritt, bedarf außer der Zustimmung des Jagdberechtigten (§ 17, Jagdpolizeiges. v. 7. März 1850, G.S. S. 165) einer schriftlich auf bestimmte Zeit zu ertheilenden Erlaubniß des Eigenthümers oder Nutznießers der betreffenden Grundstücke. — Der Jagdberechtigte bedarf dieser Erlaubniß nicht. § 3. Wer von der ihm ertheilten Erlaubniß (§ 2) Gebrauch macht, hat den Erlaubnißschein bei sich zu führen. § 4. Zuwiderhandlungen gegen die Vorschriften dieser Polizeiverordnung werden mit Geldstrafe bis zu 60 Mk. eventl. Haft bestraft. Magdeburg, den 17. Okt. 1892.

§ 16.

Die Aufsichtsbehörde[1]) kann die Besitzer[2]) von Obst-,[3]) Gemüse-, Blumen- und Baumschulanlagen ermächtigen, Vögel und Wild,[4]) welche in den genannten Anlagen Schaden anrichten, zu jeder Zeit mittelst Schußwaffen zu erlegen. Der Jagdberechtigte kann verlangen, daß ihm die erlegten Thiere, soweit sie seinem Jagdrechte unterliegen, gegen das übliche Schußgeld überlassen werden.

Die Ermächtigung vertritt die Stelle des Jagdscheines.

Sie darf Personen, welchen der Jagdschein versagt werden muß, nicht ertheilt werden und ist widerruflich.[5])

1) Aufsichtsbehörde, d. i. der Landrath, in Stadtkreisen die Ortspolizeibehörde, in Hohenzollern der Oberamtmann, vgl. Anmerkung 3 zu § 12.

2) Besitzer, d. h. diejenigen, welche den Besitz thatsächlich innehaben, also namentlich die Nutzungsberechtigten. (Ebenso Bauer a. a. O. S. 69, Berger S. 127.) Das Gesetz läßt die Frage offen, ob die Ermächtigung nur den Besitzern der erwähnten Anlagen persönlich oder ob sie auch den Stellvertretern des Besitzers, z. B. dem Verwalter ertheilt werden kann. Bauer verneint die Frage (a. a. O. S. 69). Unseres Erachtens wird die Ermächtigung dem Besitzer auch mit der Maßgabe ertheilt werden können, daß der Abschuß durch einen geeigneten, bestimmt bezeichneten Vertreter erfolgen darf, da andernfalls der beabsichtigte Schutz des Gesetzes häufig gar nicht eintreten könnte. Auf den Vertreter findet dann selbstverständlich Abs. II des § 16 Anwendung.

3) Zu den Obstanlagen gehören auch kleinere Weinanlagen, nicht aber Weinberge. (Vgl. Drucksachen des Herrenhauses Nr. 94 S. 7.)

4) Der § 16 ist wörtlich aus dem von der Staatsregierung im Jahre 1884 vorgelegten Entwurf einer Jagdordnung entnommen. Die Abschußermächtigung bezieht sich nicht bloß auf die in § 1 des Gesetzes aufgeführten Wildarten, sondern betrifft jegliches Wild; sie ist jedoch gebunden an die durch das Reichsgesetz vom 22. März 1888, betreffend den Schutz von Vögeln (R.G.Bl. S. 111) vorgesehenen Beschränkungen.*) Mit Rücksicht auf die Bestimmungen

*) Aus dem oben erwähnten Gesetze vom 22. März 1888 interessiren hier insbesondere die nachfolgenden Bestimmungen:

§ 2. Verboten ist ferner:

a. das Fangen und die Erlegung von Vögeln zur Nachtzeit mittelst Leimes, Schlingen, Netzen oder Waffen; als Nachtzeit gilt der Zeitraum, welcher eine Stunde nach Sonnenuntergang beginnt und eine Stunde vor Sonnenaufgang endet.

dieses Gesetzes will Schultzenstein (a. a. O. S. 613) unter den Vögeln des § 16 nur das jagdbare Flugwild verstanden wissen. (Vgl. über den Abschuß von Krähen die Entscheidung des Herrn Ministers f. Landwirthsch. Anlage B. S. 125.) Während Berger (a. a. O. S. 128) annimmt, daß bezüglich des „Wildes" kein Unterschied darin zu machen sei, ob dasselbe jagdbar sei oder nicht, hat der Herr Minister für Landwirthschaft in wiederholten Erlassen dahin entschieden, daß

---

§ 3. In der Zeit vom 1. März bis zum 15. September ist das Fangen und die Erlegung von Vögeln sowie das Feilbieten und der Verkauf todter Vögel überhaupt untersagt.

Der Bundesrath ist ermächtigt, das Fangen und die Erlegung bestimmter Vogelarten, sowie das Feilbieten und den Verkauf derselben auch außerhalb des im Absatz 1 bestimmten Zeitraums allgemein oder für gewisse Zeiten oder Bezirke zu untersagen.

§ 5 . . . . . .

Wenn Vögel in Weinbergen, Gärten, bestellten Feldern, Baumpflanzungen, Saatkämpen und Schonungen Schaden anrichten, können die von den Landesregierungen bezeichneten Behörden den Eigenthümern und Nutzungsberechtigten der Grundstücke und deren Beauftragten oder öffentlichen Schutzbeamten (Forst- und Feldhütern, Flurschützen 2c.), soweit dies zur Abwendung dieses Schadens nothwendig ist, das Tödten solcher Vögel innerhalb der betroffenen Oertlichkeiten auch während der im § 3 Absatz 1 bezeichneten Frist gestatten. Das Feilbieten und der Verkauf der auf Grund solcher Erlaubniß erlegten Vögel sind unzulässig.

Der Bundesrath bestimmt die näheren Voraussetzungen, unter welchen die im Absatz 2 . . . bezeichneten Ausnahmen statthaft sein sollen.

§ 8. Die Bestimmungen dieses Gesetzes finden keine Anwendung

a. auf das im Privateigenthum befindliche Federvieh;

b. auf die nach Maßgabe der Landesgesetze jagdbaren Vögel;

c. auf die in nachstehendem Verzeichniß aufgeführten Vogelarten.

1. Tagraubvögel mit Ausnahme der Thurmfalken, 2. Uhus, 3. Würger (Neuntödter), 4. Kreuzschnäbel, 5. Sperlinge (Haus- und Feldsperlinge), 6. Kernbeißer, 7. Rabenartige Vögel (Kolkraben, Rabenkrähen, Nebelkrähen, Saatkrähen, Dohlen, Elstern, Eichelheher, Nuß- oder Tannenheher), 8. Wildtauben (Ringeltauben, Hohltauben, Turteltauben), 9. Wasserhühner (Rohr- und Bleßhühner), 10. Reiher (eigentliche Reiher, Nachtreiher oder Rohrdommeln), 11. Säger (Sägetaucher, Tauchergänse), 12. alle nicht im Binnenlande brütende Möven, 13. Kormorane, 14. Taucher (Eistaucher und Haubentaucher).

Auch wird der in der bisher üblichen Weise betriebene Krammetsvogelfang jedoch nur in der Zeit vom 21. September bis 31. Dezember je einschließlich, durch die Vorschriften dieses Gesetzes nicht berührt.

Die Berechtigten, welche in Ausübung des Krammetsvogelfangs außer den eigentlichen Krammetsvögeln auch andere, nach diesem Gesetze geschützte Vögel unbeabsichtigt mitfangen, bleiben straflos.

unter „Wild“ im § 16 des Gesetzes nur jagdbare Thiere zu verstehen sein, und daß in Folge dessen es den Aufsichtsbehörden nicht gestattet sei, wegen des durch wilde Kaninchen verursachten Schadens den Abschuß aus § 16 cit. zu gestatten. Vgl. unten Anlage C. S. 127. Die erlegten jagdbaren Thiere müssen dem Jagdberechtigten gegen Zahlung des üblichen Schußgeldes überlassen werden. „Was zu den jagdbaren Thieren gehört, wird in den Gesetzen einer jeden Provinz bestimmt“; § 31 A.L.R. Th. II Tit. 16. „In Ermangelung anderer Bestimmungen gehören vierfüßige wilde Thiere und wildes Geflügel, insofern beide zur Speise gebraucht zu werden pflegen, zur ausschließenden Jagdgerechtigkeit.“ (532 ebenda.) Ueber die Bedeutung dieser Bestimmungen vgl. Entsch. des Reichsgerichts Bd. 5 S. 86 (Strafsachen), Goltd. Archiv, Bd. 11 S. 205; siehe ferner Kohli, die preuß. Jagdgesetze, Berlin 1891, S. 12 ff., Wagner, die preuß. Jagdgesetzgebung, Berlin 1889, § 2.

5) Die behördliche Ermächtigung vertritt die Stelle des Jagdscheins. Sie ist widerruflich und muß entsprechend dem § 15 des Jagdpolizeigesetzes vom 7. März 1850 versagt werden:

a. solchen Personen, von denen eine unvorsichtige Führung des Schießgewehres oder eine Gefährdung der öffentlichen Sicherheit zu besorgen ist;

b. denen, welche durch ein Urtheil des Rechts, Waffen zu führen, verlustigt erklärt sind, sowie denen, welche unter Polizei-Aufsicht stehen oder welchen die National-Kokarde aberkannt ist.

§ 17.*)

Gegen die Anordnung oder Versagung obiger Maßregeln (§ 16) seitens der Aufsichtsbehörde (des Landraths, in Stadtkreisen der Ortspolizeibehörde, in Hohenzollern des Oberamtmanns) ist nur die Beschwerde an den Bezirksausschuß, in Hohenzollern an den Regierungspräsidenten, und gegen deren Entscheidung die Beschwerde zulässig, welche an den Minister des Innern und den Minister für Landwirthschaft, Domänen und Forsten geht.

*) Nach dem Zuständigkeitsgesetz für die Verwaltungsbehörden vom 1. August 1883 § 103 würde der Bezirksausschuß endgültig zu beschließen haben.

Um zu verhinden, daß sich die Behandlung der Wildschadensfrage, namentlich in Bezug auf die Anordnung des Abschusses, bei den einzelnen Bezirksausschüssen verschieden gestalte, erschien es wünschenswerth, die letzte Entscheidung der Ministerialinstanz anheim zu geben. (Kommiss.-Bericht des Abgeordnetenh. vom 30. Januar 1891 zu § 13 des Entwurfs S. 17.)

Die Beschwerdefrist beträgt 2 Wochen, § 51 des Landesverwaltungsgesetzes vom 30. Juli 1883.

§ 18.*)

Sofern das gegenwärtige Gesetz dem Jagdpächter größere, als die bisherigen Verpflichtungen auferlegt, kann er den Pachtvertrag innerhalb drei Monaten nach Verkündigung dieses Gesetzes derart kündigen, daß das Pachtverhältniß mit Ende des laufenden Pachtjahres erlischt.

Das gleiche Recht steht dem Verpächter zu, sofern der Pächter nicht für die Zeit bis zum Ablaufe der bestehenden Pachtvertäge die Vergütung der durch das Gesetz dem Verpächter auferlegten Wildschäden auf sich nimmt.

*) Der erste Absatz des § 18 ist dem Entwurf des Abgeordnetenhauses (§ 15) entnommen. Derselbe hatte in diesem Entwurf eine besondere Bedeutung, weil in ihm der Jagdpächter in erster Linie als Ersatzpflichtiger hingestellt war. (§ 2 des Entwurfs vgl. oben S. 14 u. 16.) Dies änderte sich, nachdem dem Beschlusse des Herrenhauses entsprechend, dem Grundbesitzer des gemeinschaftlichen Jagdbezirks (Jagdverpächter) die Wildschadensersatzpflicht auferlegt worden ist. Soweit nach den bestehenden Jagdpachtverträgen der Jagdpächter den Ersatz des Wildschadens nicht übernommen hat, und auch jetzt zur Uebernahme derselben nicht bereit ist, werden die Gemeindebehörden von dem ihnen durch § 18 gewährten Kündigungsrechte Gebrauch zu machen

haben. Die Kündigungsfrist läuft mit dem 4. November d. J. ab. (Circular-Verfügung des Herrn Ministers für Landwirthschaft vom 26. August 1891 I. 16829.) Es erscheint rathsam, daß die Gemeindebehörden die Jagdpächter schleunigst zur Abgabe einer Erklärung darüber auffordern, ob sie bereit sind, für die Zeit bis zum Ablauf der bestehenden Pachtverträge die Vergütung der durch das Gesetz den Grundbesitzern des gemeinschaftlichen Jagdbezirks auferlegten Wildschäden zu übernehmen. Falls der Jagdpächter die fragliche Vergütung übernimmt, fällt das im § 18 dem Verpächter gewährte Kündigungsrecht fort.

§ 19.*)

Der § 25 des Jagdpolizeigesetzes vom 7. März 1850 (Gesetz-Samml. S. 165), § 27 der Verordnung vom 30. März 1867 (Gesetz-Samml. S. 416) und § 28 des Gesetzes vom 17. Juli 1872 (Lauenb. Offiz. Wochenblatt Nr. 42) werden aufgehoben.

Wildschadenersatz kann nur auf Grund und nach Maßgabe dieses Gesetzes gefordert werden.

*) Vgl. das oben in der Einleitung § 3 Ziffer 1 S. 25 und folgende, und zu § 1 des Gesetzes, Note 5 S. 77, Gesagte.

§ 20.*)

Dieses Gesetz tritt mit dem 1. Januar 1892 in Kraft.

Urkundlich rc.

*) Die Fassung des § 20 ist insofern ungenau, als eine Bestimmung des Gesetzes schon vor dem 1. Januar 1892 in Rechtswirksamkeit tritt, nämlich die des § 18. (Vgl. die Anmerkung zu diesem §.)

Zur Orientirung!

1. Die Ortspolizeibehörden finden einen Hinweis auf die sie betreffenden Bestimmungen des Wildschadengesetzes im Sachregister unter dem Worte „Ortspolizeibehörde“. S. 135.

2. Der Beschädigte, welcher Ersatz fordern will, wird auf die Worte „Anmeldung“ und „Anspruch“ im Sachregister S. 131 u. f. verwiesen.

3. Den wegen Wildschadensersatz in Anspruch genommenen interessiren dieselben Bemerkungen zu den Worten „Anmeldung“ und „Anspruch“ im Sachregister. S. 131 u. f.; außerdem das bei dem Worte „Einreden“ Vermerkte. S. 133.

4. Im Uebrigen haben für die Betheiligten noch ein besonderes Interesse die Vermerke des Sachregisters zu den Worten: Jagdpächter, Jagdberechtigte, Schonzeit.

Entscheidungen der Central-Instanz.

Anlage A.

Berlin, den 12. Mai 1893.

Den rechtlichen Ausführungen Ew. Hochwohlgeboren in dem gefälligen Berichte vom 30. März d. J. — I. 1577 — betreffend die Beschwerde des Fabrikbesitzers Wilhelm F. zu W. wegen Feststellung von Wildschaden vermögen wir nicht durchweg beizutreten. Ew. Hochwohlgeboren gehen von der Ansicht aus, daß der nach § 9 des Wildschadengesetzes vom 11. Juli 1891 von der Ortspolizeibehörde zu erlassende Vorbescheid, welcher nach § 10 die Vorbedingung für Einleitung des Verwaltungsstreitverfahren bildet, lediglich dann erfolgen darf, wenn ihm die in § 7 a. a. O. näher bezeichneten örtlichen Ermittelungen zur Feststellung des Schadens vorangegangen sind, und daß in dem vorliegenden Falle das ganze Verfahren auf Grund des genannten Gesetzes dadurch unmöglich gemacht worden sei, daß der Amtsvorsteher die Ermittelung und Schätzung des Wildschadens an Ort und Stelle unterlassen habe. Das kann nicht als richtig zugegeben werden. Es ist, wie schon der Herr Oberpräsident der Provinz P. in seinem Bescheide vom 11. Februar d. J. zutreffend ausführt, keinesfalls Absicht des Gesetzgebers gewesen, daß der Beschädigte durch eine Versäumniß der Orts- oder Kreispolizeibehörde seinen Anspruch auf Wildschadensersatz völlig verlieren, oder ihm die Möglichkeit genommen werden sollte, ihn in irgend einer Form vor dem zuständigen Verwaltungsrichter geltend zu machen. Ihre Ansicht findet aber auch in dem Gesetze selbst eine Widerlegung, denn es liefert durch den Fall, wenn die Anmeldung nicht rechtzeitig erfolgt ist, selbst ein Beispiel von Ablehnung der Vornahme von Ermittelungen und des Erlasses eines Vorbescheides. Denn nach dem klaren Wortlaute des § 7, demzufolge nur nach rechtzeitig erfolgter Anmeldung, also nicht auch bei Versäumung der Anmeldungsfrist, Termin anberaumt werden soll, ist hier ein Ermittelungsverfahren nicht nothwendig. Die Ablehnung der Ortspolizeibehörde zum Einschreiten wegen Fristversäumniß, welche zum Ausdrucke bringt, daß ein Ersatzanspruch nicht mehr vorhanden ist, — was dem Fehlen eines solchen von vornherein gleichbedeutend ist — ist aber dem Vorbescheide gleichzustellen und unterliegt deshalb nach § 10 der Anfechtung im Verwaltungsstreitverfahren. Wenn dort die Ermittelung unterbleiben darf, so muß sie auch in anderen Fällen unterbleiben dürfen, jedenfalls bestätigt das Gesetz die Behauptung, daß die Ortspolizeibehörde nicht unbedingt verpflichtet ist, das Ermittelungsverfahren vorzunehmen, sondern ohne ein solches eine sachliche, den Anspruch treffende und deshalb einem n a c h Vornahme von Ermittelungen erlassenen Vorbescheide gleichwerthige Entscheidung zu treffen vermag.

Im vorliegenden Falle war die Aufsichtsbehörde, also zunächst der Landrath, sehr wohl befugt, auf die Beschwerde des Beschädigten hin den Amtsvorsteher zu veranlassen, einem dem Vorbescheide gleichstehenden Bescheid zu ertheilen, und sie wird ihn dazu auch heute noch veranlassen können. Wenn dieser Bescheid naturgemäß jetzt nur noch so lauten kann, daß der Amtsvorsteher nicht mehr in der Lage sei, den

Schaden festzustellen, und Ew. Hochwohlgeboren bezweifeln, daß ein solcher Bescheid dem Vorbescheide im Sinne des Wildschadengesetzes gleichstehe, so wird die Beurtheilung dieser Frage dem Kreisausschusse, beziehungsweise den höheren verwaltungsgerichtlichen Instanzen überlassen werden müssen. Jedenfalls ist dadurch dem Beschwerdeführer die Möglichkeit gegeben, sein Recht weiter zu verfolgen, und es bleibt ihm, wenn er in letzter Instanz endgiltig abgewiesen ist, immer noch der weitere Weg offen, den Amtsvorsteher wegen Pflichtversäumniß regreßpflichtig zu machen.

Hiernach ersuchen wir Ew. Hochwohlgeboren ergebenst, den Amtsvorsteher des Amtsbezirkes S. durch Vermittelung des Landraths zu B. zum Erlasse eines entsprechenden Bescheides anzuhalten und den Beschwerdeführer auf seine anbei wieder zurückerfolgende Eingabe vom 5. Januar d. J. anderweit zu bescheiden.

Die Minister

des Innern. für Landwirthschaft, Domänen und Forsten.

An
den Königlichen Herrn Regierungspräsidenten zu S.

Anlage B.

Berlin, den 10. Februar 1893.

Den rechtlichen Ausführungen Ew. Hochwohlgeboren in dem gefälligen Berichte vom 19. v. Mts. — Nr. 12451 — betreffend die Beschwerde des Mühlenpächters E. wegen verweigerter Erlaubniß zum Abschusse von Krähen vermag ich nicht beizutreten. Saatkrähen unterliegen dem freien

Thierfange und genießen, wie Ew. Hochwohlgeboren zutreffend bemerken, nicht den Schutz des Vogelschutzgesetzes vom 22. März 1888. Jedermann, insbesondere der Grundbesitzer auf seinem Grund und Boden darf sie also fangen oder tödten. Ist jedoch der Grundbesitzer nicht zugleich Jagdberechtigter, so ist er allerdings bei Benutzung der Schußwaffe an den § 368 Nr. 10 des R.St.G.B. gebunden, wonach sich strafbar macht, wer ohne Genehmigung des Jagdberechtigten oder ohne sonstige Befugniß auf fremdem Jagdgebiete zur Jagd ausgerüstet betroffen wird. Aus diesem Wortlaute geht hervor, daß die Anwendung der Strafbestimmung ausgeschlossen ist, wenn dem Grundeigenthümer durch polizeiliche Verfügung die Erlaubniß zum Abschusse von Saatkrähen ertheilt ist, da ihm dadurch die Befugniß gegeben ist, das fremde Jagdgebiet zur Jagd ausgerüstet zu betreten. Zum Erlasse einer derartigen polizeilichen Verfügung ist aber die Polizeibehörde auf Grund § 10 Theil II Titel 17 Allgemeinen Landrechts befugt, auch stehen ihr andere gesetzliche Vorschriften, insbesondere der § 16 des Wildschadengesetzes vom 11. Juli 1891 nicht entgegen. Letzterer hat nur den Sinn, daß er der Aufsichtsbehörde noch die weitergehende Befugniß geben will, die Besitzer von Obst-, Gemüse-, Blumen- und Baumschulanlagen zu ermächtigen, auch solche nützliche Vögel, welche den Schutz der Jagdschonzeiten- oder des Vogelschutzgesetzes genießen, unter bestimmten Voraussetzungen mittelst Schußwaffen zu erlegen, wobei die Befugniß zum Abschießen schädlicher Vögel, weil bereits durch die bestehende Gesetzgebung berücksichtigt, keine besondere Erwähnung mehr gefunden hat.

Da im Uebrigen Euer Hochwohlgeboren die thatsächlichen Anführungen des Beschwerdeführers in seiner Eingabe vom 19. November vorigen Jahres als richtig zugegeben haben, ersuche ich ergebenst, unter Abänderung Ihres letzten Bescheides den Landrath anzuweisen, dem p. E. umgehend die Erlaubniß zum Abschusse der Saatkrähen auf dem von ihm gepachteten Mühlengrundstücke zu ertheilen. Mit Rücksicht darauf, daß E. neuerdings zur Vermeidung weiterer Beschädigungen durch die Krähen um Beschleunigung gebeten hat, wollen Euer Hochwohlgeboren die erforderlichen Verfügungen thunlichst bald treffen.

Die mir vorgelegten dortseitigen Vorgänge folgen beigeschlossen wieder zurück.

Der Minister
für Landwirthschaft, Domänen und Forsten.

An
den Königlichen Herrn Regierungspräsidenten zu M.

Anlage C.

Berlin, den 14. September 1892.

Dem Vorstande . . . . erwidere ich auf die Eingabe vom 1. Juli d. J. ergebenst, daß ich, soweit sich Ihre Vorstellung als eine Beschwerde über den an den Gärtnereibesitzer F. E. zu W. gerichteten Beschluß des Bezirksausschusses zu D. vom 12. April d. J. darstellt, diese Beschwerde, ganz abgesehen davon, daß ich den Vorstand zur Einbringung derselben nicht für legitimirt erachten kann, schon aus dem Grunde, weil sie nicht innerhalb der gesetzlichen Präklusivfrist von zwei Wochen eingelegt worden ist, als verspätet und deshalb als formell unbegründet zurückweisen muß. Aber auch materiell geben mir, so gern ich auch bereit bin, die Bestrebungen des Verbandes im Interesse der Förderung der Landeskultur zu unterstützen, die angestellten eingehenden Ermittelungen keinen Anlaß, den angefochtenen Beschluß des Bezirksausschusses aufzuheben oder abzuändern.

Vorausschicken muß ich, daß es sich bei den verschiedenen Beschwerden des Gärtners E. nicht um ein einziges Baumschulengrundstück handelt, sondern um fünf, von denen drei im freien Felde gelegene, sich allerdings in einer Feldmark befinden, räumlich aber sehr weit von einander getrennt sind. Von diesen ist das eine, etwa ²/₃ Morgen groß, mit älteren Bäumen bestanden und mit Draht und einer lebenden Hecke eingezäunt, sonst aber gegen den Eintritt des Wildes ungeschützt. Die beiden anderen größeren Baumschulen, welche erst angelegt worden sind, nachdem die Wickrather Jagdgesellschaft Anzüchterin der Jagd geworden war, sind mit Drahtgeflecht gehörig umgeben, dessen Maschen so eng sind, daß Hasen nicht mehr in das Innere gelangen können, während den Kaninchen ein Hindurchkriechen möglich ist. Die 4. Baumschulanlage befindet sich in dem Orte Wickrath selbst. Dort kommen Hasen nicht vor, da sie seit 1891 mit einem dichten Drahtzaun umgeben ist, während durch Kaninchen angerichteter Schaden im letzten Jahre von dem Landrathe festgestellt worden ist. Ebensowenig wird die 5. Baumschulanlage, an der Feldseite von Wickrath gelegen und hauptsächlich als Gemüse-

und Blumengarten genutzt, vom Wilde heimgesucht da auch sie durch einen Drahtzaun genügend geschützt ist.

Da nun dem p. E. früher bald auf dieser, bald auf jener Parzelle Schaden zugefügt worden ist, und seine Ansprüche nicht immer auf die gleiche Parzelle gerichtet waren, so erklärt sich daraus, daß die Bescheide des Landraths ihrer Begründung nach bisweilen untereinander im Widerspruche zu stehen scheinen.

Wie der Vorstand in seiner Eingabe selbst ausführt, handelt es sich hier überhaupt nur um den durch Hasen und Kaninchen verursachten Schaden. Aus dem bisher Gesagten geht nun hervor, daß Hasen mit einer einzigen Ausnahme, in die Baumschulanlagen des p. E. überhaupt gar nicht gelangen können, weshalb er auch keinen durch Hasen verursachten Wildschaden nachzuweisen vermag. Die einzige und zugleich kleinste Parzelle, welche nicht so vollständig eingefriedigt ist, daß den Hasen der Eintritt unmöglich wäre, ist mit alten Bäumen bestanden, an denen das Wild naturgemäß nur geringen Schaden anrichten kann. Dieser Schaden ist denn auch, wenn überhaupt von Hasen herrührend nur in so geringem Umfange bemerkt worden, daß dadurch allein die Erlaubniß zum Abschusse des Wildes in keiner Weise bedingt werden kann.

Was dagegen den durch wilde Kaninchen verursachten Schaden betrifft, so ist die Aufsichtsbehörde gesetzlich nicht befugt, deren Abschuß zu gestatten. Denn nach § 16 des Wildschadengesetzes vom 11. Juli 1891 ist eine solche Ermächtigung nur hinsichtlich der Vögel und des „Wildes," das heißt der jagdbaren Thiere zulässig. Wilde Kaninchen gehören aber nicht zu den jagdbaren Thieren, da sie nach § 15 a. a. O. dem freien Thierfange unterliegen. Ihre Erlegung mittelst Schußwaffen ist deshalb bei Vermeidung der im § 368 Note 10 des R.St.G.B. angedrohten Strafe lediglich von der Genehmigung des Jagdberechtigten abhängig und bedarf keiner besonderen Erlaubniß der Aufsichtsbehörde.

Uebrigens ist die Ansicht des Vorstandes, daß die Kaninchen nicht gefangen werden könnten, eine irrige oder wohl nicht ernst gemeinte. Denn wie Wohldemselben bekannt sein dürfte, funktioniren die sogenannten Kaninchenfallen ausgezeichnet und sind in den umzäunten Gärten mit bestem Erfolge anzubringen, da Kaninchen beim Eintritt in die Gärten stets die gleichen, leicht erkennbaren Wechsel einhalten. Der p. E. dürfte sich demnach gegen sie ohne besondere Schwierigkeiten selbst schützen können.

Der Minister
für Landwirthschaft, Domänen und Forsten.

An den Bezirksausschuß zu D.

Sachregister.

A.

B.

D.

E.

F.

K.

L.

M.

N.

O.

Berichtigung.

1. S. 75 ist in der letzten Zeile statt 28 S. 36 zu lesen.
   S. 76 gehört die Anmerkung 4 zu dem Worte „Nutzungsberechtigten".
2. S. 98 ist hinter den Worten „die Vorschriften des Nachtrags zum Regulativ für den Geschäftsgang beim Oberverwaltungsgerichte vom 22. September 1881" zu ergänzen: „jetzt die gleichlautenden Bestimmungen des § 16 des Regulativs vom 22. Februar 1892 M.Bl. f. d. innere Verwaltung S. 133.
3. S. 121 ist der Schluß der Anmerkung zu § 18, betreffend die Uebergangsbestimmung, zu streichen.

FSC
www.fsc.org
MIX
Papier | Fördert
gute Waldnutzung
FSC® C083411

Kolibri 360 GmbH
Ferdinand-Jühlke-Straße 7
99095 Erfurt, Deutschland
produktsicherheit@kolibri360.de